Claas-Hinrich Lammers ■ Gunnar Eismann

Bin ich ein Narzisst?

Wissen & Leben
Schattauer

herausgegeben von Wulf Bertram

Zum Herausgeber von »Wissen & Leben«:

Wulf Bertram, Dipl.-Psych. Dr. med, geb. in Soest/Westfalen, Studium der Psychologie, Medizin und Soziologie in Hamburg. Zunächst Klinischer Psychologe im Universitätskrankenhaus Hamburg Eppendorf, nach Staatsexamen und Promotion in Medizin Assistenzarzt in einem Sozialpsychiatrischen Dienst in der Provinz Arezzo/Toskana, danach psychiatrische Ausbildung in Kaufbeuren/Allgäu. 1986 wechselte er als Lektor für medizinische Lehrbücher ins Verlagswesen und wurde 1988 wissenschaftlicher Leiter des Schattauer Verlags in Stuttgart, 1992 dessen verlegerischer Geschäftsführer. Im gleichen Jahr gründete er zusammen mit Thure von Uexküll und medizinischen Fachkollegen die Akademie für Integrierte Medizin, deren Vorstand er seitdem angehört. Aus seiner Überzeugung heraus, dass Lernen ein Minimum an Spaß machen müsse und solides Wissen auch unterhaltsam vermittelt werden kann, konzipierte er 2009 die Taschenbuchreihe »Wissen & Leben«. Bertram hat eine Ausbildung in Gesprächs- und Verhaltenstherapie sowie in Psychodynamischer Psychotherapie und arbeitet neben seiner Verlagstätigkeit als Psychotherapeut in eigener Praxis.

Für sein Lebenswerk, seine »wissenschaftlich fundierte Verlagstätigkeit im Sinne des Stiftungsgedankens«, wurde Bertram 2018 der renommierte Wissenschaftspreis der Margrit-Egnér-Stiftung verliehen, deren Ziel es ist, zu einer humaneren Welt beizutragen, in welcher der Mensch in seiner Ganzheitlichkeit im Mittelpunkt steht.

Claas-Hinrich Lammers ▪ Gunnar Eismann

Bin ich ein Narzisst?

Oder einfach nur sehr selbstbewusst?

Schattauer

Prof. Dr. med. Claas-Hinrich Lammers
Asklepios Klinik Nord – Ochsenzoll
Klinik für Psychiatrie und Psychotherapie
Langenhorner Chaussee 560
22419 Hamburg
c.lammers@asklepios.com

Dr. med. Gunnar Eismann
Asklepios Klinik Nord – Ochsenzoll
Klinik für Psychiatrie und Psychotherapie
Langenhorner Chaussee 560
22419 Hamburg
g.eismann@asklepios.com

Die digitalen Zusatzmaterialien haben wir zum Download auf www.klett-cotta.de bereitgestellt. Geben Sie im Suchfeld auf unserer Homepage den folgenden Such-Code ein: **OM40024**

Bibliografische Information der Deutschen Nationalbibliothek
Die Deutsche Nationalbibliothek verzeichnet diese Publikation in der Deutschen Nationalbibliografie; detaillierte bibliografische Daten sind im Internet über http://dnb.d-nb.de abrufbar.

Besonderer Hinweis
Die Medizin unterliegt einem fortwährenden Entwicklungsprozess, sodass alle Angaben, insbesondere zu diagnostischen und therapeutischen Verfahren, immer nur dem Wissensstand zum Zeitpunkt der Drucklegung des Buches entsprechen können. Hinsichtlich der angegebenen Empfehlungen zur Therapie wurde die größtmögliche Sorgfalt beachtet. Gleichwohl werden die Benutzer aufgefordert, im Zweifelsfall einen Spezialisten zu konsultieren. Fragliche Unstimmigkeiten sollten bitte im allgemeinen Interesse dem Verlag mitgeteilt werden. Der Benutzer selbst bleibt verantwortlich für jede diagnostische oder therapeutische Applikation, Medikation und Dosierung.

Schattauer
www.schattauer.de

Printed in Germany
Cover: Bettina Herrmann, Stuttgart
unter Verwendung einer Abbildung von © Adobe Stock/Prazis Images
Gesetzt von Kösel Media GmbH, Krugzell
Gedruckt und gebunden von Friedrich Pustet GmbH & Co. KG, Regensburg
Lektorat: Dr. Stephanie Born, Stuttgart
ISBN 978-3-608-40024-3
1. Nachdruck, 2024

Eine Warnung anstatt eines Vorwortes

Liebe Leserin, lieber Leser,
Sie haben sich dieses Buch gekauft, um eine Antwort auf die Frage zu erhalten, was Narzissmus ist, woran man einen Narzissten bzw. eine Narzisstin erkennt, und ob Sie selbst womöglich narzisstisch sind. Und vermutlich wollen Sie hierzu einen Fragebogen an die Hand bekommen, nach dessen Ausfüllen Sie wissen, ob Sie normal oder narzisstisch sind. Ihr Wunsch, eine verlässliche Auskunft über den Unterschied zwischen Normalität und Narzissmus zu bekommen, entscheiden zu können, was narzisstisch und was normal ist, und wie es um Ihren eigenen Narzissmus bestellt ist, dieser Wunsch ist allzu verständlich. Doch wir werden in diesem Buch einige Mühe darauf verwenden, Sie von dieser Sicht der Dinge abzubringen, um Ihnen stattdessen zu zeigen, dass dieses Schwarz-Weiß-Denken nicht der richtige Weg ist, sich mit dem Thema Narzissmus zu beschäftigen. Wir werden Ihnen vielmehr von den großen Überschneidungen eines gesunden Selbstwertgefühls bzw. eines gesunden Narzissmus einerseits und problematischen narzisstischen Persönlichkeitseigenschaften andererseits berichten. Darüber hinaus werden wir ihnen aufzeigen, dass der Übergang vom gesunden Narzissmus zum problematischen Narzissmus bis hin zur narzisstischen Persönlichkeitsstörung fließend ist. Wir werden folglich narzisstische Persönlichkeitseigenschaften auch nicht als grundsätzlich schlecht darstellen, sondern Ihnen verdeutlichen, wie sehr die Bewertung dieser Eigenschaften von der jeweiligen Ausprägung und den Auswirkungen auf Ihr Verhalten und Ihre Umwelt abhängig ist. Wir werden also Ihr Bedürfnis nach Klarheit bezüglich der Unterscheidung zwischen dem, was

»noch normal«, und dem, was »schon gestört« ist, leider frustrieren müssen, denn eine solche Klarheit ist beim Thema Narzissmus nicht möglich, zumindest dann nicht, wenn man sich dem Thema ohne Polemik und ohne moralische Agenda nähert. Wenn Sie also bereit sind, sich auf eine etwas komplexere Sichtweise des Themas Narzissmus einzulassen, ohne dass wir Ihnen dabei das Lesen mit viel grauer Theorie erschweren werden, dann wird dieses Buch für Sie hoffentlich eine spannende und hilfreiche Lektüre sein.

Info

Wir werden Sie im Laufe der Lektüre immer wieder mit Fragen konfrontieren, welche Ihnen dabei helfen sollen, sich über Ihre narzisstischen Eigenschaften klar zu werden. Möglicherweise werden Sie einige dieser Fragen mit einem mehr oder weniger deutlichen Ja beantworten, andere hingegen nicht. Auf diese Weise möchten wir Sie dabei unterstützen, ein differenziertes und realistisches Bild Ihrer vermeintlich narzisstischen Merkmale zu erhalten.

Wir haben außerdem einen Test konzipiert, mit dessen Hilfe Sie selbst einschätzen können, wie stark Ihre narzisstischen Eigenschaften ausgeprägt sind. Diesen Test und ebenso alle weiteren Arbeitsmaterialien in diesem Buch finden Sie auch als Downloadmaterial zum Ausdrucken und Ausfüllen auf www.klett-cotta.de.

Inhalt

1 Einleitung

Dem Begriff des Narzissmus bzw. des Narzissten begegnet man überall, ob im Gespräch oder in den Medien, und jeder Mensch glaubt zu wissen, was gemeint ist, wenn von Narzissmus die Rede ist. In der Regel stellt man sich hierunter einen selbstverliebten, eitlen, arroganten, erfolgsbesessenen und egoistischen Menschen vor. Jede einzelne dieser Eigenschaften oder alle zusammen werden gemeinhin als narzisstisch bezeichnet.

Info
Wir wollen nicht zu viel vorwegnehmen, aber hier fängt das Problem schon an, denn ein Mensch kann sehr eitel sein, ohne dass er allein deswegen als narzisstisch zu bezeichnen wäre. Und auch das unbedingte Streben nach Erfolg reicht nicht aus, um von Narzissmus sprechen zu können.

In Beziehungskonflikten dient der Begriff oft als schlagkräftiges Argument, um den Partner als Ursache für Schwierigkeiten in der Beziehung dingfest zu machen: *»Du bist so eingebildet und arrogant! Immer geht es nur um dich! Du hältst dich wohl für den Mittelpunkt der Welt! Du bist echt ein richtiger Narzisst!«* Über private Beziehungskonflikte hinaus wird dieser Begriff oftmals leichtfertig zur Charakterisierung von Menschen verwendet, die sich selbstbewusst und selbstdarstellerisch verhalten. So wird über den unliebsamen Vorgesetzten hinter vorgehaltener Hand genauso geurteilt, er sei ein Narzisst, wie über den ehrgeizigen Kollegen, den man nicht mag. Und natürlich gelten Menschen als Narzissten, die im Licht der Öffentlichkeit stehen und für die man wenige Sympathien empfindet (zum Beispiel manche Politiker, Filmschauspieler oder Künstler).

Sehr beliebt ist heutzutage auch die pauschale Charakterisierung der modernen westlichen Gesellschaften als narzisstisch, da deren Selbstbezogenheit, Individualismus und Egoismus kaum noch Platz für Gemeinschaft und Zusammenhalt lasse (worüber man sicherlich trefflich diskutieren könnte, denn so einfach ist es leider nicht). Sinnbildlich für diese Kritik stehen hier insbesondere die modernen Medien wie Facebook, Instagram und Snapshot, die nur noch der Selbstdarstellung zu dienen scheinen.

Info
Die Meinung, dass es überwiegend narzisstische Menschen sind, die Facebook und Co. nutzen, oder dass diese sozialen Medien zu einer deutlichen Zunahme des Narzissmus führen, leuchtet zwar unmittelbar ein, ist jedoch durch wissenschaftliche Studien nicht belegt. Und auch für die Meinung, dass die Gesellschaft allgemein immer narzisstischer geworden sei, konnten wissenschaftliche Studien bislang keinen zwingenden Beleg finden.

Führt man sich die eben genannten Beispiele des Gebrauchs bzw. Missbrauchs des Begriffs Narzissmus vor Augen und denkt man daran, in welchem Rahmen und Tonfall dieser verwendet wird, dann scheint Narzissmus etwas durch und durch Negatives zu sein, eine denkbar schlechte Charaktereigenschaft, die es zu kritisieren und zu bekämpfen gilt. Oder haben Sie schon einmal gehört, wie jemand über einen anderen Menschen bewundernd gesagt hat: *»Der ist aber wirklich sehr narzisstisch!«*, so wie man sagt: *»Der ist aber wirklich sehr strebsam/kreativ/mutig!«*?

Info
Wir sprechen in diesem Buch und in unseren Beispielen immer wieder von Männern, da diese häufiger narzisstische Eigenschaften aufweisen als Frauen. Dennoch können auch Frauen deut-

liche und durchaus problematische narzisstische Persönlichkeitseigenschaften aufweisen. Aus Gründen der Übersichtlichkeit und besseren Lesbarkeit verwenden wir aber durchgehend die männliche Form.

So weit, so gut. Um diese Meinung bestätigt zu bekommen, hätten Sie sich dieses Buch aber nicht kaufen müssen, denn dass Narzissmus zu den weniger vorteilhaften Eigenschaften mancher Menschen gehört, werden Sie sicherlich schon oft gelesen und gehört haben. Warum also halten Sie dieses Buch in der Hand? Nun, vielleicht sehen Sie sich mit dem Vorwurf Ihrer Partnerin konfrontiert, dass Ihre Beziehungskonflikte auf Ihren angeblichen Narzissmus zurückzuführen sind? Oder Sie haben Schwierigkeiten im Beruf, etwa Streitigkeiten mit Vorgesetzten und Mitarbeitern, die Ihnen zu verstehen geben, dass Sie nicht teamfähig, arrogant und eben ein Narzisst sind? Vorstellbar wäre auch, dass Sie Auseinandersetzungen mit Ihren Freunden haben, weil Sie immer im Mittelpunkt stehen wollen, weil alles sich immer nur um Sie drehen muss. Wie auch immer, für Sie steht der Begriff des Narzissmus im Raum und zwar in Bezug auf Ihre Person. Und Sie haben beschlossen, der Sache endlich auf den Grund zu gehen, denn wer will schon diesen Vorwurf auf sich sitzen lassen (vielleicht gibt es solche Menschen, aber die hätten sich dieses Buch bestimmt nicht gekauft!).

Nun gibt es eine Flut von populären Büchern, welche sich mit dem Thema Narzissmus beschäftigen. Jedoch sind diese Bücher nicht für möglicherweise Betroffene geschrieben, sondern eher für Partnerinnen und Angehörige narzisstischer Menschen, weshalb sie dieses Thema verständlicherweise eher in einer negativen und verurteilenden Art und Weise behandeln. Populäre Bücher zu diesem Thema haben gewöhnlich Titel wie »Hilfe, mein Partner ist ein Narzisst«, »Wie schleichendes Gift: Narzisstischen Missbrauch in Beziehungen überleben und heilen« oder »Wie befreie ich mich von einem Narzissten?«.

Info

Das Problem an Büchern, die sich kritisch mit dem Zusammenleben mit einem narzisstischen Partner auseinandersetzen, ist nicht, dass man diesen Darstellungen keinen Glauben schenken dürfe. Im Gegenteil, wenn der Partner wirklich starke narzisstische Eigenschaften hat, dann ist das Zusammenleben mit ihm bestenfalls enttäuschend und schlimmstenfalls einfach nur furchtbar. Nein, das Problem liegt darin, dass die Leser und Leserinnen nach dem Lesen eines solchen Buches ihre eigene Beziehungsproblematik viel zu rasch im vermeintlichen Narzissmus ihres Partners bzw. ihrer Partnerin begründet sehen: *»Wir haben Probleme, weil Du ein Narzisst bist!«* Doch diese Ansicht ist eine allzu vereinfachte und häufig nicht hilfreiche Lösung für partnerschaftliche Probleme.

Doch diese Bücher sind nicht gerade hilfreich, wenn man selbst vielleicht ein narzisstischer Mensch ist, denn konfrontiert mit den Inhalten dieser Bücher würden die meisten über die ersten Seiten kaum hinauskommen. Diese Lücke, das Fehlen eines Buches für Betroffene, wollen wir schließen, weshalb wir auch nicht einseitig in das Horn der Narzissmuskritik stoßen werden. Es ist ein Ratgeber für (vermeintlich) narzisstische Menschen, die sich mit der Frage auseinandersetzen wollen, welche ihrer Eigenschaften als narzisstisch zu betrachten sind und welche Probleme hieraus für sie und die Menschen in ihrer Umgebung entstehen. Dass Menschen durchaus solche narzisstischen Eigenschaften haben können, die für ihre Umwelt eine Qual sind (und letzten Endes auch für die Betroffenen selbst), setzen wir dabei als selbstverständlich voraus.

Sie wollen also verstehen, was Narzissmus eigentlich ist, und ob Sie ein Narzisst sind. Mit dieser Einstellung sind Sie schon einen wesentlichen Schritt weiter als viele andere Menschen mit allzu offensichtlichen narzisstischen Eigenschaften, welche jedoch diese Tatsache weit von sich weisen würden. Hochgradig narzisstische Menschen haben nämlich leider häufig kein Interesse, sich selbstkritisch zu hinterfragen, geschweige denn an ihren problematischen Verhaltensweisen zu arbeiten. Außerdem beherrschen sie die Kunst, Probleme jeglicher Art nicht bei sich, sondern bei anderen Menschen zu sehen, und sind davon überzeugt, selbst ihr bester Ratgeber zu sein.

Bevor wir jedoch beginnen, Sie durch das Labyrinth des Narzissmus zu führen, möchten wir Ihnen vorab einige wichtige und grundsätzliche Informationen als roten Faden an die Hand geben, die wir im weiteren Verlauf dieses Buches natürlich noch ausführlicher diskutieren werden.

Narzissmus ist nicht gleich Narzissmus

Das Problem mit dem Begriff des Narzissmus fängt schon mit seiner unterschiedlichen Verwendung in der Wissenschaft an. Zum einen wird in der Psychiatrie und der klinischen Psychologie von einer narzisstischen Persönlichkeitsstörung gesprochen. Dabei handelt es sich um Patienten, deren narzisstische Eigenschaften man als Ausdruck einer Störung bzw. als krankhaft begreift. Zum anderen wird der Begriff aber von der Persönlichkeitspsychologie verwendet, welche sich mit der Beschreibung und Erforschung der Persönlichkeitseigenschaften von gesunden Menschen beschäftigt, sodass Narzissmus hier nichts mit einer Störung bzw. Krankheit zu tun hat. Vielmehr werden hierunter bestimmte Eigenschaften zusammengefasst, welche dem Streben nach Selbstwert dienen (was in einem bestimmten Ausmaß normal und gesund ist). Also ist Narzissmus zum einen ein Krankheitsbegriff und zum anderen ein Begriff zur Beschreibung weit verbreiteter und normaler Persönlichkeitseigenschaften. Wir bitten Sie, sich diesen Unterschied bewusst zu machen, da er entscheidend für die weiteren Inhalte dieses Buches ist!

Es gibt eigentlich keinen Narzissmus

Der Begriff des Narzissmus ist irreführend, da er eine klare Unterscheidung zwischen »Normalität« und »Narzissmus« und damit zwischen »Richtig« und »Falsch«, zwischen »Gut« und »Schlecht« nahelegt. Auch wenn wir uns alle gerne klare und eindeutige Antworten auf unsere Fragen und ebensolche Lösungen für unsere Probleme wünschen, so ist dieser Wunsch beim Thema Narzissmus leider nicht zu erfüllen. Jeder Mensch hat nämlich Persönlichkeitseigenschaften, die man als narzisstisch bezeichnen kann, der eine mehr und der andere weniger. Und bis zu einer bestimmten Ausprägung gehören diese zum Bereich des Normalen, denn sie sind der Ausdruck eines gesunden Strebens nach Selbstwert. So haben wir zum Beispiel alle das Bedürfnis, von anderen Menschen beachtet und geschätzt zu werden, wir wollen von anderen Menschen als interessant und kompetent gesehen werden, und wir wollen immer wieder einmal im Mittelpunkt der Aufmerksamkeit stehen. All das gehört zu unseren normalen Erlebnis- und Verhaltensweisen, die in einer gewissen Ausprägung für uns und unser Selbstwertgefühl von Vorteil sind.

Info
Wir verwenden in diesem Buch selten den Begriff des Narzissmus, denn dieser suggeriert etwas Krankhaftes. Vielmehr werden wir, wo immer es geht, von narzisstischen Eigenschaften sprechen, welche sowohl gesund als auch problematisch sein können. Das macht das Lesen dieses Buches etwas schwieriger, dient aber der Sache.

So wichtig und gesund normale narzisstische Persönlichkeitseigenschaften sind, so können diese aber ab einer gewissen Ausprägung sowohl für den betreffenden Menschen als auch für dessen Umwelt problematisch und belastend werden (in der Regel zunächst eher für die Umwelt). Aber auch diese Ausprägung muss häufig noch als normal betrachtet werden, gleichwohl sie Probleme verursacht. Nur in ihrer Extremausprägung darf man von einer narzisstischen Persönlichkeitsstörung sprechen. Unterhalb dieses Störungsbereiches haben die betreffenden Menschen bzw. deren Umwelt einfach nur ein Problem mit und durch ihre Persönlichkeitseigenschaften, so wie ein ausgeprägt schüchterner Mensch auch nicht krank ist, obgleich seine Schüchternheit für ihn und vielleicht auch seine Umwelt mit Problemen einhergeht.

Kein Mensch ist ein Narzisst!

Nicht nur im Alltagsgebrauch, sondern auch in der Fachliteratur wird immer wieder von dem »Narzissten« gesprochen. Wir haben diesen Begriff zwar für den Titel dieses Buches übernommen (natürlich um Ihr Interesse zu wecken …), doch wollen wir ihn im Folgenden nicht weiter verwenden. Kein Mensch »ist« nämlich ein Narzisst, sondern ein Mensch hat mehr oder weniger narzisstische Eigenschaften, weshalb der Begriff als Charakterisierung für einen Menschen und seine gesamte Person schlichtweg falsch ist. Der Ausruf *»Das ist ein Narzisst!«* reduziert einen Menschen darüber hinaus auf einige wenige negative Eigenschaften und bedeutet im Umkehrschluss, dass dieser Mensch zum Beispiel nicht liebevoll, fürsorglich oder ein guter Freund sein kann, denn er ist ja ein »Narzisst«. Wir werden in diesem Buch deshalb nicht von dem »Narzissten« sprechen, sondern von problematischen narzisstischen Eigenschaften. Sie sollten sich deswegen nicht die Frage stellen: *»Bin ich ein Narzisst?«*, sondern sich vielmehr Folgendes fragen: *»Wie stark ausgeprägt und wie problematisch sind meine narzisstischen Eigenschaften?«*

Narzisstische Eigenschaften sind nicht grundsätzlich negativ

Auch wenn die Begriffe Narzissmus bzw. narzisstische Eigenschaften in unseren Ohren negativ klingen, so sind die entsprechenden Eigenschaften bis zu einer gewissen Ausprägung positiv, denn sie helfen uns psychisch stabil, erfolgreich und auch beziehungsfähig zu sein. Man kann auch von einem gesunden Selbstbewusstsein bzw. Selbstwertgefühl sprechen. Sich durchsetzen zu können, gegenüber anderen Menschen die eigenen Stärken und Erfolge zu zeigen, ehrgeizig zu sein, auch mal im Mittelpunkt stehen zu wollen und vieles mehr ist häufig von Vorteil für einen Menschen. Und solange dies nicht auf Kosten anderer Menschen geschieht, ist diese Art, seinen Selbstwert zu steigern, kaum zu kritisieren. Man kann aus diesem Grund also durchaus von einem *gesunden Narzissmus* sprechen.

2 Was sind narzisstische Persönlichkeitseigenschaften?

In diesem Kapitel wollen wir Ihnen erklären, was sich hinter dem Begriff des Narzissmus bzw. den narzisstischen Persönlichkeitseigenschaften verbirgt. Wie Sie sehen werden, kann man hierunter verschieden stark ausgeprägte gesunde, aber auch problematische oder gar krankhafte Formen des Strebens nach Selbstwert verstehen. Lassen Sie uns mit dem gesunden Streben nach Selbstwert beginnen.

Das gesunde Selbstwertgefühl

Das Streben nach Selbstwert, das in einem gesunden Selbstbewusstsein mündet, ist ein elementares Bedürfnis aller Menschen, denn wir alle wollen uns als kompetent, wichtig, besonders und liebenswert erleben können. Ein Weg (nicht der einzige!), sein Selbstwertgefühl zu stärken, besteht darin, von anderen Menschen Beachtung, Zustimmung, Respekt, Anerkennung und Lob zu bekommen. Sich diese Reaktion seiner Mitmenschen zu wünschen und auch Dinge zu tun, um diese Reaktionen zu erhalten (zum Beispiel durch Erfolg, besondere Interessen und Eigenschaften), ist normal und gesund. Die Persönlichkeitspsychologie spricht diesbezüglich von narzisstischen Persönlichkeitseigenschaften, welche Ausdruck eines gesunden Strebens nach Selbstwert sind. Man kann dies auch als gesunden Narzissmus bezeichnen. Wir wissen, wie kompliziert das klingen mag, aber genau hierin liegt die Verwirrung über die Bedeutung des Begriffs des Narzissmus begründet, der – irrtümlicherweise – ausschließlich mit einer Störung gleichgesetzt wird. Merken Sie sich also: Ein gesundes Streben nach Selbstwert kann auch als gesunder Narzissmus bezeichnet werden.

Info
Sie können sich das Problem mit den gesunden und den problematischen narzisstischen Eigenschaften beispielhaft anhand des Begriffs der Schüchternheit verdeutlichen. Dieser Begriff kann einen eher ruhigen und introvertierten Menschen beschreiben, der sich nicht in den Vordergrund drängt und lieber anderen Menschen zuhört. Dabei fehlt es ihm nicht an Selbstbewusstsein, um seinen Bedürfnissen Ausdruck zu geben und seine Interessen zu verfolgen, doch tut er dies auf eine eher zurückhaltende Art. Allerdings kann eine Schüchternheit so stark ausgeprägt und mit einer so großen Ängstlichkeit verknüpft sein, dass die Betreffenden sich zurückziehen, sich wenig zutrauen, sich als minderwertig erleben und unter ihrer Schüchternheit leiden.

Lassen Sie uns an dieser Stelle die normalen bzw. gesunden narzisstischen, d.h. selbstbewussten Persönlichkeitseigenschaften näher anschauen. Hierzu gehört u.a.

- sich seiner Fähigkeiten, Stärken und Erfolge bewusst zu sein und diese auch anderen Menschen zu zeigen,
- über einen gesunden Egoismus bzw. Durchsetzungsfähigkeit zu verfügen, was sich darin ausdrückt, dass man sich um seine eigenen Bedürfnisse angemessen kümmert, ohne dabei andere Menschen zu vernachlässigen oder auszunutzen,
- eine angemessene Anspruchshaltung an das eigene Leben sowie gegenüber anderen Menschen zu entwickeln,
- überwiegend positive Gefühle in Bezug auf die eigene Person zu haben, d.h. sich selbst grundsätzlich zu akzeptieren und zu mögen,
- sich als etwas Besonderes zu fühlen (in dem Sinn, dass jeder Mensch etwas Besonderes und Einzigartiges ist).

Diese Eigenschaften sind von Vorteil, denn ein selbstbewusster Mensch kann u. a.

- selbstsicher auftreten,
- sich anspruchsvolle Aufgaben zutrauen,
- mit seinen Schwächen oder Rückschlägen gut umgehen,
- angemessene Kritik ertragen und unangemessene Kritik zurückweisen,
- Stärken anderer Menschen anerkennen, ohne Neid zu empfinden oder sich schwach zu fühlen,
- seine Wünsche offen äußern,
- zu Wünschen oder Anforderungen anderer Menschen gegebenenfalls Nein sagen,
- sich durchsetzen (ohne dabei andere Menschen zu verletzen oder zu demütigen),
- sich auf Bindungen und Beziehungen einlassen (denn ein selbstbewusster Mensch hat keine tiefgreifende Angst vor Enttäuschungen, wie beispielsweise die Angst, verlassen zu werden, die ihn daran hindert, Bindungen einzugehen).

Info
Die Normalität eines Strebens nach Selbstwert kann man insbesondere an zwei Kriterien messen. Zum einen befindet sich ein selbstbewusster Mensch im Einklang mit der Realität, er gibt also nicht vor, etwas zu sein oder zu haben, was nicht der Fall ist. Auf ihn trifft der Satz »Mehr Schein als Sein« nicht zu, was bei Menschen mit stark ausgeprägten narzisstischen Eigenschaften leider häufig der Fall ist.
Ein anderes Kriterium, das sehr praktisch anwendbar ist, ist die Fähigkeit eines selbstbewussten Menschen, anderen genau das zu geben, was er auch für seinen eigenen Selbstwert braucht: Aufmerksamkeit, Interesse, Wertschätzung, Anerkennung und Lob. Solange man anderen Menschen ihre Wichtigkeit nicht abspricht, darf man sich selbst ruhig wichtig nehmen, ohne deswegen im problematischen Sinn narzisstisch zu sein.

Ein hohes und stabiles Selbstwertgefühl, das sich durch ein gesundes Selbstbewusstsein zeigt, ist also entscheidend für ein stabiles und sinnerfülltes Leben in all seinen Facetten (sei es im Beruf, bei Freundschaften oder in der Liebe). Ob man hierüber verfügt, zeigt sich insbesondere dann, wenn man Frustrationen, etwa Enttäuschungen in der Liebe oder Misserfolge im Beruf erlebt oder ein persönliches Ziel nicht erreicht. In solchen schwierigen Situationen ist das Selbstwertgefühl ein Puffer zwischen einer frustrierenden Realität und der eigenen Person, der vor allzu tiefen und quälenden Selbstzweifeln schützt.

Eine deutliche Ausprägung selbstbewusster Eigenschaften geht aber noch mit anderen Vorteilen einher. Selbstbewusste Menschen sind häufig interessante, kreative, mutige, besondere und unterhaltsame Charaktere. Sie scheuen sich nicht, in einer Gesellschaft im Mittelpunkt zu stehen und alle Anwesenden zu unterhalten (denn hierdurch bekommen sie Aufmerksamkeit), sie sind die Ersten, die sich für eine schwierige Aufgabe melden (denn dort können sie ihr Können beweisen), sie übernehmen gerne Führungsverantwortung (denn hier können sie Erfolge und Ansehen erringen), sie haben kreative Ideen, mit denen sie andere Menschen begeistern können, und vieles mehr. Es gibt viele Berufe und Aufgaben, für welche eine große Portion an gesundem Narzissmus unentbehrlich ist. Hierzu gehören alle Berufe, zu deren Erfüllung man die Beachtung vieler Menschen auf sich zieht oder gar im Fokus der Öffentlichkeit steht. So müssen Politiker in der Regel deutliche selbstbewusste Eigenschaften haben, um ihre Aufgaben erfüllen zu können. Denken Sie alleine an die Unmenge an Kritik, mit der sie sich jeden Tag konfrontiert sehen. Man muss schon ein großes Selbstbewusstsein haben, um diese Kritik einstecken zu können, ohne daran Schaden zu nehmen.

Außerdem gehört es zum Job eines Politikers, mit seinen politischen Anliegen stets im Zentrum der Wahrnehmung potenzieller Wähler zu stehen, denn wer würde einem Politiker seine Stimme geben, von dem er noch nie etwas gehört hat und dessen politische Ansichten er nicht kennt? Schüchterne und selbstunsichere Menschen wären für diesen Beruf sicherlich weniger geeignet (und würden einen solchen wahrscheinlich auch nicht anstreben).

Auch Menschen mit Führungsaufgaben, etwa Manager oder Geschäftsführer, brauchen viel Selbstbewusstsein, um erfolgreich zu sein. Ein Sprichwort bringt es treffend auf den Punkt: »Bescheidenheit ist eine Zier, doch weiter kommt man ohne ihr.« Und wer kann sich einen Showmaster ohne eine gehörige Portion Selbstbewusstsein und den Drang nach Selbstdarstellung vorstellen? Es verwundert also nicht, dass sich in Berufen, die Führungsstärke, Überzeugungs- und Durchsetzungskraft sowie ein gewisses Talent zur Selbstinszenierung erfordern, vermehrt Menschen mit narzisstischen Eigenschaften finden. Dabei muss es sich im Übrigen nicht immer um Berufe mit einer herausragenden Stellung, etwa der eines Showmasters oder eines Konzernchefs, handeln. Ein gesunder Narzissmus, ein robustes Selbstbewusstsein ist in den meisten Lebensbereichen von Nutzen, solange man sich nicht maßlos überschätzt und solange man anderen Menschen und deren Bedürfnissen Beachtung und Respekt entgegenbringt.

Info
Häufig werden Personen des öffentlichen Lebens als »Narzissten« bezeichnet, so zum Beispiel prominente Showmaster oder Politiker. Das ist jedoch reine Spekulation. Schließlich wissen wir nicht, ob sie ihr selbstbewusstes und selbstdarstellerisches Verhalten nur im Rahmen öffentlicher Auftritte zeigen, bei denen ja eben dieses Verhalten auch erwartet wird, während sie zuhause liebevolle

Ehemänner, leidenschaftliche Väter und gute Freunde sind. Man sieht also, dass man nicht als ganzer Mensch narzisstisch sein muss, nur weil man sich in bestimmten Situationen entsprechend verhält.

Wie gesagt, ein eher hohes und stabiles Selbstwertgefühl, ein gesunder Narzissmus also, ist gleichbedeutend mit einer hohen psychischen Stabilität und eröffnet diesen Menschen viele Möglichkeiten der Entwicklung. Ist das Selbstwertgefühl hingegen zu schwach ausgeprägt und fehlt es diesen Menschen an Selbstbewusstsein, dann

- halten sie sich für weniger wertvoll als andere Menschen (Gefühl von Minderwertigkeit),
- sind sie eher schüchtern und zurückhaltend,
- trauen sie sich nicht, ihre Bedürfnisse und Wünsche zu äußern bzw. durchzusetzen,
- trauen sie sich nicht, Nein zu sagen, und versuchen vielmehr, es anderen Menschen stets recht zu machen, auch wenn dies auf ihre eigenen Kosten geht,
- leiden sie an ihren Misserfolgen und Rückschlägen, weil sie sich grundsätzlich selbst die Schuld daran geben,
- können sie sich nicht durchsetzen, sondern geben häufig nach,
- reagieren sie auf Kritik, ob angemessen oder unangemessen, schnell mit Schuld oder Schamgefühlen und einem unterwürfigen Verhalten.

Selbstunsichere Menschen bleiben demnach im Leben häufig hinter ihren Möglichkeiten zurück, werden oft von anderen Menschen übervorteilt, gehen Herausforderungen eher aus dem Weg und sind häufiger einsam. Nicht zuletzt deswegen leiden sie deutlich häufiger als selbstbewusste Menschen unter Stimmungstiefs und Ängstlichkeit, bis hin zu Angsterkrankungen und Depressionen.

Info
Hiermit soll keine einseitig positive Bewertung zugunsten von narzisstischen Persönlichkeitseigenschaften vorgenommen werden. So haben Menschen mit eher selbstunsicheren Persönlichkeitseigenschaften Fähigkeiten, welche narzisstische Menschen häufig entbehren. Sie können besser Gemeinschaften zusammenhalten, zwischen widerstrebenden Interessen ausgleichen und vermitteln, und sie sind sicherlich auch einfühlsamer und verständnisvoller im Kontakt mit anderen Menschen. Und zurückhaltende und schüchterne Menschen können durchaus sehr kreativ und erfolgreich sein. Letztendlich sind dies aber nur allgemeine Tendenzen hinsichtlich der Konsequenzen bestimmter Persönlichkeitseigenschaften, welche durch wissenschaftliche Studien allerdings schon mehrfach bestätigt worden sind.

Wenn man die genannten verschiedenen Ausprägungen des Selbstwertgefühls graphisch darstellen möchte, ergeben sich die folgenden vier Konstellationen (► Abb. 1):

Geringes Selbstwertgefühl	Mittelgradig ausgeprägtes Selbstwertgefühl	Starkes Selbstwertgefühl	Übermäßiges Selbstwertgefühl
Ich bin minderwertig - Die Anderen sind überlegen	Ich bin gut - Die Anderen sind gut	Ich bin besonders gut - Die Anderen sind gut	Ich bin überlegen - Die Anderen sind minderwertig

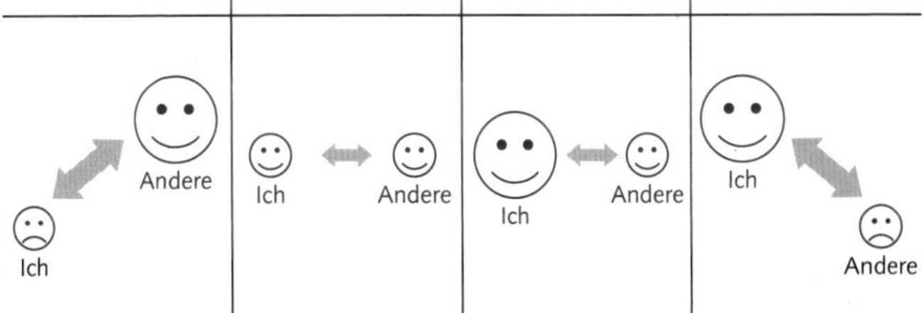

Abb. 1 Die vier Ausprägungen des Selbstwertgefühls

Info
Wir betonen diesen fließenden Übergang von einem gesunden Selbstwertgefühl hin zu problematischen narzisstischen Eigenschaften nicht nur aus theoretischem Interesse. Vielmehr soll Ihnen diese Betrachtungsweise verdeutlichen, dass viele Ihrer narzisstischen Eigenschaften vollkommen in Ordnung sind, und zwar unabhängig davon, ob Sie womöglich auch über einige wenige Eigenschaften verfügen, die problematisch und veränderungsbedürftig sind. Niemand ist in seiner Person als Ganzes problematisch, und kein Mensch ist »ein Narzisst«.

Der Übergang vom gesunden Selbstwertgefühl zum problematischen Narzissmus

Aber ab welchem Punkt wird das Streben nach Anerkennung tatsächlich problematisch? Ab wann muss man von problematischen narzisstischen Eigenschaften sprechen? Wir hatten Ihnen zu Beginn bereits gesagt, dass sich diese Frage nicht pauschal beantworten lässt, weil die Übergänge zwischen beiden Bereichen fließend sind. Aus vielen Lebensbereichen mögen wir es zwar gewohnt sein, klare Antworten auf wichtige Fragen zu erhalten, zum Beispiel in der Medizin, in der wir häufig eindeutige Diagnosen stellen können. So können wir etwa die Frage, ob jemand einen Herzinfarkt hat oder nicht, anhand von körperlich-apparativen Untersuchungen eindeutig beantworten. Ja, dieser Mensch hat einen Herzinfarkt, oder nein, dieser Mensch hat keinen Herzinfarkt. Doch es gibt auch Fragen, die sich nicht so verlässlich beantworten lassen. Nehmen Sie allein die Frage, ob jemand ängstlich ist. Bereits hier gibt es keine klare Entscheidungsgrundlage, denn ab wann kann man verlässlich von Ängstlichkeit sprechen? Viele Menschen würden sich nicht als übertrieben ängstlich einschätzen und die Ausprägung ihrer Angst nicht als Problem sehen. Womöglich würden sie darauf verweisen, dass das Leben voller Gefahren steckt und ihre Angst sie davor bewahrt, Fehler zu machen. Damit haben sie sicherlich auch Recht und bis zu einer gewissen Ausprägung ist das Erleben von Angst durchaus angemessen und hilfreich. Keine Angst zu haben, wäre fatal und würde es unmöglich machen, einigermaßen unbeschadet durchs Leben zu gehen. Doch Angst kann individuell auch so stark ausgeprägt sein, dass sie krankhafte Züge annimmt und gravierende negative Auswirkungen auf das Leben der betreffenden Person hat. Aber wo genau verläuft die Grenze zwischen einer gesunden und einer krankhaften Angst? Eine scharfe Grenzziehung, etwa mit Hilfe eines Tests, ist hier genauso wenig möglich wie beim Narzissmus. Nicht zuletzt, weil die Frage nach gesund oder krankhaft immer auch die Frage danach ist, welche negativen Auswirkungen Angst bzw. Narzissmus haben. Und das hängt sehr stark von den Lebensumständen, vom jeweiligen gesellschaftlichen und kulturellen Umkreis und auch vom Auge des Betrachters ab. So werden narzisstische Eigenschaften wie Geltungsbewusstsein und Durchsetzungskraft in bestimmten Bereichen der Gesellschaft (zum Beispiel in der Unterhaltungsbranche, der Politik etc.) eher akzeptiert und sogar begrüßt als in anderen Lebensbereichen. Außerdem bewerten Menschen, die selbst sehr zurückhaltend sind, solche Eigenschaften vermutlich eher als problematisch als Menschen, die selbst deutliche narzisstische Eigenschaften aufweisen. Die Beurteilung narzisstischer Merkmale und Verhaltensweisen ist also durchaus relativ. Um die Sache aber nicht unnötig zu verkomplizieren, wollen wir Ihnen mit der folgenden Tabelle (▸ Tab. 1) Beispiele für den Übergang von Eigenschaften, die ein gesundes Selbstbewusstsein ausmachen, hin zu einem problematischen Narzissmus geben.

Tab. 1 Gesunde und problematische Ausprägung des Strebens nach Selbstwert

Gesunde Ausprägung		**Problematische Ausprägung**	
Selbstbewusstsein	Man ist von seinen eigenen Qualitäten und Fähigkeiten überzeugt und grundsätzlich mit sich zufrieden. Man reagiert auf Kritik gelassen, hinterfragt diese sachlich und hält ihr eigene Ansichten entgegen, bzw. ist in der Lage, dem anderen ggf. Recht zu geben.	Selbstüberschätzung	Man hält sich grundsätzlich für besser als andere und reagiert auf Kritik gekränkt, bzw. beantwortet diese u. a. mit Arroganz und Abwertung. Dem anderen Recht zu geben, kommt selten vor.
Erfolgsorientierung	Man hat klare berufliche Ziele und arbeitet hart, um diese zu erreichen. Man kann einen Erfolg mit anderen teilen, bzw. die Erfolge anderer anerkennen.	Streben nach Überlegenheit	Man muss in allen Bereichen der Beste sein und dies vor anderen auch deutlich zeigen. Man beansprucht Erfolge immer nur für sich.
Gesunder Egoismus	Man behält die eigenen Bedürfnisse und Ziele im Blick und lässt sich nicht übervorteilen.	Rücksichtslosigkeit	Man will immer mehr als andere haben. Man nutzt andere Menschen für seine Ziele aus.

Gesunde Ausprägung		Problematische Ausprägung	
Normaler Anspruch	Man erwartet dieselbe respektvolle und hilfsbereite Behandlung, welche man selbst auch anderen Menschen zukommen lässt.	Übertriebene Anspruchshaltung	Man erwartet eine bevorzugte Behandlung und eine unverzügliche Erfüllung der eigenen Wünsche, auch auf Kosten anderer.
Durchsetzungsvermögen	Man kann seine Wünsche und Ziele freundlich aber bestimmt vertreten.	Autoritätsanspruch	Man versucht, die eigenen Wünsche und Ziele mit einem autoritären Dominanzverhalten durchzusetzen.
Selbstbezogenheit	Man ist sich seiner eigenen Gefühle und Bedürfnisse bewusst. Dabei kann man die Gefühle und Bedürfnisse anderer Menschen wahrnehmen und respektieren.	Empathiearmut	Man nimmt die Gefühle und Bedürfnisse anderer Menschen nicht wahr. Man versucht nicht, sich in andere Menschen hineinzuversetzen und diese zu verstehen.
Selbstdarstellung	Man kann sich und seine Fähigkeiten angemessen positiv darstellen und das Interesse anderer wecken.	Geltungssucht	Man drängt sich immer in den Mittelpunkt, verlangt ständige Beachtung und Bewunderung.

Selbstbewusste bzw. narzisstische Persönlichkeitseigenschaften können bei einer starken Ausprägung zur Nichtachtung und damit einhergehend einer Verletzung der Bedürfnisse und Interessen anderer Menschen führen. So zum Beispiel, wenn der Drang nach Selbstdarstellung derart groß ist, dass man anderen Menschen keinerlei Beachtung schenkt (Geltungssucht). Oder wenn der Egoismus so ausgeprägt ist, dass man die Bedürfnisse anderer Menschen überhaupt nicht berücksichtigt. Dann zeigt sich die Problematik narzisstischer Eigenschaften in dem Leiden, dass hierdurch für andere Menschen entsteht.

Info
Wenn Sie in bestimmten Situationen Eigenschaften wie ein starkes Selbstbewusstsein, Durchsetzungsfähigkeit, einen gewissen Egoismus oder auch Eitelkeit zeigen, so ist das zunächst einmal in Ordnung. Wichtig ist dabei jedoch, dass Sie sich dieser Eigenschaften bewusst sind und Ihr Verhalten kontrollieren bzw. regulieren können. So kann es in vielen Situationen sehr wichtig sein, den eigenen Egoismus zurück- und die Bedürfnisse eines anderen Menschen voranzustellen. Außerdem sollte durch Ihr Verhalten weder Ihnen noch anderen Menschen ein ausgeprägtes Leid entstehen.

Ausgeprägte narzisstische Eigenschaften und Verhaltensweisen können auch den Betreffenden selbst schaden. So zum Beispiel, wenn sie hierdurch in ständige Konflikte mit anderen Menschen, ob nun in der Partnerschaft, im Freundeskreis oder im Beruf, geraten. Oder wenn es Ihnen nicht gelingt, Ihrer Anspruchshaltung gerecht zu werden, Sie zur Selbstüberschätzung neigen und Schein und Sein immer weiter auseinanderklaffen.

Der Übergang vom gesunden zum problematischen Narzissmus hängt außerdem wesentlich davon ab, aus welchen Quellen eine Person ihr Selbstwertgefühl gewinnt.

Ein gesundes Selbstwertgefühl ruht nämlich immer auf mehreren Säulen. Da sind zum einen die grundsätzliche Zufriedenheit mit sich selbst und die Akzeptanz der Person, die man nun einmal ist. Diese Säule des Selbstwertes entsteht wesentlich in der Kindheit, wenn man von wichtigen Bezugspersonen geliebt wird, ohne hierfür besondere Eigenschaften oder Leistungen erbringen zu müssen. Diese bedingungslose Liebe früher Bezugspersonen stattet einen Menschen mit einem grundsätzlichen Selbstvertrauen aus. Eine weitere Säule des Selbstwertgefühls besteht in stabilen und befriedigenden Beziehungen zu anderen Menschen (Partnerschaft, Freunde), von denen man sich gemocht und geliebt fühlt, ohne dass man hierzu besondere Eigenschaften oder Leistungen an den Tag legen muss. Hinzu kommen als dritte Säule persönliche Interessen und Hobbies, die für die jeweilige Person bedeutsam sind, ohne dass hierbei die Bewunderung anderer Menschen eine Rolle spielen würde. Und natürlich hängt ein gesundes Selbstwertgefühl auch von beruflichen Erfolgen, besonderen Eigenschaften oder Leistungen ab, die dazu beitragen, den Respekt und die Anerkennung anderer Menschen zu gewinnen.

Da ein gesundes Selbstwertgefühl auf mehreren Säulen beruht, ist es unproblematisch, wenn eine dieser Säulen schwächer ausgeprägt ist (zum Beispiel bei beruflichem Misserfolg), da man sich in diesem Fall immer noch auf die anderen Säulen stützen kann (zum Beispiel die Partnerin oder Freunde). Je narzisstischer Menschen sind, desto mehr beziehen sie ihren Selbstwert jedoch allein aus dem sozialen Vergleich, d. h. aus der Anerkennung und Bewunderung anderer Menschen, welche sie in ihren Augen »besser« als ihr Umfeld erscheinen lässt. Und das macht sie sehr anfällig für Selbstwertkrisen, denn sie setzen ihren Selbstwert nur auf eine Karte. Äußert sich zum Beispiel ein anderer Mensch kritisch über sie oder erleben sie einmal einen beruflichen Misserfolg, dann können sie sich nicht auf eine andere Selbstwertsäule stützen (wie zum Beispiel auf einen Freundeskreis, der ihnen Halt gibt).

Der Nähe-Distanz-Konflikt narzisstischer Menschen

Je ausgeprägter narzisstische Eigenschaften sind, desto stärker tritt bei diesen Menschen ein grundlegendes Problem in den Mittelpunkt, das man als Nähe-Distanz-Konflikt bezeichnet. Das bedeutet, dass sie zwar die Nähe zu anderen Menschen brauchen, da sie auf deren Anerkennung und Bewunderung angewiesen sind. Im Grunde genommen liegt ihnen jedoch nicht viel an diesen Menschen, im Gegenteil, sie fühlen sich ihnen überlegen und interessieren sich nur so lange für sie, wie diese ihnen die ersehnte Aufmerksamkeit und Bewunderung entgegenbringen. Narzisstische Menschen brauchen also die Nähe zu anderen Menschen, die sie aber eigentlich weder respektieren noch mögen. Ein weiterer Grund für ihre Distanz ist zugleich aber auch die große Verwundbarkeit vieler narzisstischer Menschen, die sie vor anderen Menschen zu verbergen versuchen. Hinter ihrer strahlenden und überlegenen Fassade erleben sie Scham, Angst, Hilflosigkeit und Einsamkeit, weshalb die Nähe zu anderen Menschen für sie eine schwierige Angelegenheit ist. Je näher diese ihnen kommen, insbesondere in einer Partnerschaft, desto größer ist für sie die Gefahr, dass ihre verwundbare Seite zum Vorschein kommt. Dann gilt für sie nur noch, so schnell wie möglich wieder Distanz zu schaffen und Kontrolle über ihre Gefühle zu bekommen. Wir werden Ihnen in ► Kapitel 5 mehr von dieser verborgenen Verwundbarkeit berichten.

Beispiel
So berichtet Markus, was eine Umarmung seiner Freundin bei ihm auslöst: *»Ich mag ihre Umarmungen überhaupt nicht. Dann fühle ich mich total unwohl.«* Bei näherer Befragung, welche Gefühle er dann spürt, sagt er: *»Zuallererst Hilflosigkeit und eine ganz komische Traurigkeit. Dann aber kommt Ärger, Beunruhigung und sogar Ekel in mir hoch.«* In Bezug auf Kontakte zu anderen Menschen sagt er: *»Solange wir in einer großen Gruppe abends unterwegs sind, mache ich alles mit, denn da kann ich performen, die anderen mitreißen, und bin für die verrücktesten Aktionen gut. Die anderen wissen, wenn ich dabei bin, dann wird es bestimmt ein besonderer Abend. Aber ich würde mich nie mit einem Freund einfach zu zweit auf ein Bier treffen. Denn dann könnte er mir ja Fragen stellen, die mich unsicher machen. Fragen, wie es mit meiner Freundin läuft, ob ich zufrieden mit meinem Beruf bin oder gar fragen, wie es mir zurzeit geht. So etwas kann ich überhaupt nicht ab, denn dann werde ich total unsicher.«*

Frage
Wie nah darf Ihnen ein anderer Mensch kommen? Wieviel darf er oder sie von Ihnen wissen?

Ein weiterer Grund für den Nähe-Distanz-Konflikt ist das Bedürfnis, immer etwas Besonderes, etwas Einzigartiges zu sein. Narzisstische Menschen hassen die Normalität, sie wollen unter keinen Umständen als durchschnittlich angesehen werden. Dies erklärt u.a. ihre Schwierigkeiten, eine dauerhafte partnerschaftliche Beziehung zu führen. Ist der erste Verliebtheits- oder Eroberungsrausch verflogen, haben sie sich anfänglich nur von ihrer besten Seite gezeigt, kommt unweigerlich der Augenblick, wo ihr narzisstisches Feuerwerk abgebrannt ist. Dann fängt die neue Partnerin an, sich näher für den Menschen hinter der Fassade zu interessieren, wo, wie bei jedem Menschen, schlichtweg auch Normalität und Mittelmäßigkeit zu finden sind. Doch weil diese normalen Eigenschaften nicht in ihr Selbstbild passen, erleben narzisstische Menschen diese Nähe als bedrohlich. Das hat häufig zur Folge, dass sie sich schon nach kurzer Zeit wieder trennen und sich in eine neue Beziehung stürzen (natürlich gibt es auch noch andere Gründe für die kurze Dauer von Partnerschaften bei Menschen mit starken narzisstischen Eigenschaften; ▶ Kapitel 7).

Beispiel

In der Therapie berichtet Peter von seinen wechselnden Freundinnen. Eigentlich handelt es sich immer um den gleichen Ablauf. Er lernt eine Frau kennen, ist vollkommen fasziniert von ihr, zeigt sich von seiner besten Seite, ist charmant, aufmerksam und lädt sie in die besten Restaurants ein. Natürlich spielt hierbei auch der sexuelle Reiz des Neuen eine große Rolle. Doch nach zwei bis drei Monaten verliert er plötzlich das Interesse an ihr, findet sie langweilig, sieht mehr und mehr ihre angeblichen Fehler und trennt sich schließlich von ihr. In der Rückschau kann Peter genau benennen, was ihm an jeder einzelnen seiner Verflossenen gefehlt oder was ihn gestört hat: Die eine war zu dumm, die andere zu schlau, die nächste zu erfolgsorientiert und die andere zu faul, eine weitere zu dick, eine andere wiederum zu dünn, und so weiter und so fort. Keine war letztendlich richtig für ihn und nach spätestens einem halben Jahr kam es unweigerlich zur Trennung. Natürlich waren die wirklichen Gründe hierfür weniger die speziellen Eigenschaften seiner Freundinnen, sondern seine Unfähigkeit, Nähe und Intimität zu ertragen.

Diese Angst vor Nähe zeigt sich auch darin, dass narzisstische Menschen bereits eine Harmonie im Gespräch mit ihrer Partnerin als unangenehm erleben. Wären sie einer

Meinung mit ihr, würden sie ihr zustimmen, dann wären sie nichts Besonderes mehr und das wollen sie partout vermeiden. Deswegen nehmen sie zum Beispiel in Diskussionen oftmals eine grundsätzlich andere Meinung als ihre Partnerin ein. Einer Meinung mit ihr zu sein, ist für sie nicht erstrebenswert, sondern bedrohlich. Dieser Widerspruchsgeist, den sie oftmals als »kritisches Denken« zu verkaufen versuchen, ist mit der Zeit für eine Partnerin mühsam und frustrierend, denn natürlich versteht sie früher oder später, dass es ihrem Partner nicht um die Sache geht, sondern alleine darum, anderer Meinung zu sein.

Beispiel

»Worüber auch immer wir uns unterhalten – wenn man das Unterhaltung nennen kann –, er ist eigentlich immer anderer Meinung als ich. Es ist so, als ob keine Harmonie zwischen uns sein dürfte, keine wirkliche Nähe, er muss immer anders sein als ich oder die anderen Menschen. Ich habe den Eindruck, dass dies gar nichts mit seinen eigentlichen Meinungen oder Überzeugungen zu tun hat, sondern er muss einfach grundsätzlich anders sein. Würde ich zum Beispiel die Vorteile des Internets loben, dann würde er mit Sicherheit sämtliche Gefahren des Internets aufzählen. Würde ich jedoch die Gefahren des Internets hervorheben, dann würde er von dessen Vorteilen schwärmen. Hauptsache anders und dagegen!«

3 Der problematische Narzissmus

Im letzten Kapitel haben wir Ihnen den Übergang von einem gesunden Streben nach Selbstwert zu einer problematischen Ausprägung narzisstischer Eigenschaften beschrieben. Wenn solche Eigenschaften wie Selbstidealisierung, Größenfantasien, eine hohe Anspruchshaltung und Arroganz stark ausgeprägt sind, dann spricht man auch von einem *grandiosen Selbst.*

Im Folgenden möchten wir nun die verschiedenen Bereiche eines solchen grandiosen Selbst genauer beleuchten, die zu einer Belastung für andere Menschen und infolgedessen auch für die betreffende Person werden können.

Bereiche des grandiosen Selbst

Größenfantasien und Selbstidealisierung

Ein starkes Selbstbewusstsein und das Bewusstsein eigener Kompetenzen und Stärken ist gesund und uns allen zu wünschen, denn dann sind wir optimistischer, trauen uns mehr zu, bewältigen Probleme und Aufgaben effektiver und fühlen uns wohler. Anders verhält es sich mit Größenfantasien und einer Selbstidealisierung, die nicht mehr der Realität entsprechen, weil sie auf einer ausgeprägten Selbstüberschätzung beruhen. Viele narzisstische Menschen haben solche Größenfantasien u.a. in Bezug auf Erfolg, Macht, die ideale Liebe oder ihre soziale Stellung, in denen sie sich als kompetent und stark, fehlerfrei, unangreifbar und regelrecht allmächtig erleben können. Dabei idealisieren sie ihre eigene Person, während sie andere Menschen als unterlegen, schwach und fehlerhaft bewerten. Obwohl Größenfantasien und Selbstidealisierung kurzfristig positive Gefühle hervorrufen (wenn sie das nicht täten, gäbe es sie schließlich nicht!), haben sie auf längere Sicht eine Reihe von negativen Auswirkungen zur Folge. Zum einen müssen narzisstische Menschen immer wieder ihre angebliche Einzigartigkeit und Überlegenheit vor anderen Menschen deutlich demonstrieren, um Anerkennung und Bewunderung zu bekommen. Das macht sie aber nicht gerade beliebt, ganz im Gegenteil, es führt dazu, dass andere Menschen sie kritisieren, angreifen oder sich schlichtweg von ihnen abwenden. Da diese Reaktion der anderen Menschen aber ihre narzisstische Grandiosität verletzt, kommt es zunehmend zu Auseinandersetzungen, Kränkungen und einer Instabilität ihrer Beziehungen. Außerdem stehen ihre Größenfantasien und Selbstidealisierung einem wirklichen Erfolg oftmals im Wege. Anstatt sich nämlich wirklich darum zu bemühen, die notwendigen Schritte zum Erfolg umzusetzen (zum Beispiel eine hohe Leistungsbereitschaft zu zeigen, bzw. einmal auf angenehme Dinge zu verzichten, um sich dem Fortkommen intensiv widmen zu können), hängt der Betroffene stattdessen überwiegend seiner Fantasie vom zukünftigen Erfolg und Ruhm nach. Wenn die harte Arbeit, die zur Verwirklichung ihrer Fantasie notwendig ist, aber ausbleibt, wird die Schere zwischen Schein und Sein immer größer (das sprichwörtliche Mehr-Schein-als-Sein). Irgendwann wird die tatsächliche Erfolglosigkeit des Betroffenen für alle sichtbar, sodass das Kartenhaus der Selbstidealisierung immer wackeliger wird und letzten Endes zusammenstürzt.

Beispiel
Marc, der vor einem Jahr sein Medizinstudium begonnen hat, hinkt leider mit seinen Prüfungen hinterher. Das »stumpfe Auswendiglernen«, wie er es nennt, ist nicht sein Fall, weshalb er nicht ausreichend auf seine Prüfungen vorbereitet ist und diese immer häufiger absagt. Stattdessen verbringt er viel Zeit auf dem Sofa und träumt von seiner Karriere als Chefarzt in der Herzchirurgie. Seinen Freunden erzählt er gerne von seiner zukünftigen Karriere, was ihm durchaus Aufmerksamkeit und Bewunderung einbringt. Die Distanz zwischen Sofa und Schreibtisch wird mit der Zeit aber immer größer und schließlich unüberwindbar. Als seine Freunde schließlich von einem anderen Medizinstudenten erfahren, dass Marc schon lange nicht mehr in der Uni gesehen wurde, konfrontieren sie ihn mit dieser Information. In der Folge meldet sich Marc nicht mehr bei ihnen.

Selbstbezogenheit und Empathiearmut

Selbstbezogenheit im positiven Sinn bedeutet, dass man für sich und die eigenen Bedürfnisse sorgt, seine Ziele verfolgt und sich auch gegenüber bestimmten Wünschen und Anforderungen von außen abgrenzen kann. Diese Form der Selbstbezogenheit ist also eine gesunde und sozial verträgliche Form von Egoismus, solange man dabei die Bedürfnisse anderer Menschen nicht ausblendet und diesen auch nicht schadet bzw. diese ausnutzt. Je narzisstischer ein Mensch jedoch ist, desto weniger Mitgefühl für und Interesse an anderen Menschen hat er, was als *Empathiearmut* bezeichnet wird. Unter Empathie versteht man die Fähigkeit und die Bereitschaft, den Fokus von sich wegzurücken und sich in die Welt eines anderen Menschen einzufühlen und einzudenken, um dessen Gefühle, Bedürfnisse und Gedanken besser zu verstehen. Empathie ist daher auch gleichbedeutend mit einem *Perspektivwechsel*, denn wir versuchen, die Welt aus der Perspektive des anderen zu sehen und zu verstehen.

Beispiel
Wenn wir ein weinendes Kleinkind alleine auf dem Bürgersteig stehen sehen, dann spüren wir selbst eine gewisse Traurigkeit und Betroffenheit. Wir verstehen unmittelbar, dass das Kind alleine, hilflos und ängstlich ist, und wir haben den Impuls hinzugehen und uns um es zu kümmern.

Narzisstische Menschen interessieren sich aber wenig für andere Menschen und deren Gefühle, Bedürfnisse, Wünsche, Gedanken und Motive. Diese Empathiearmut lässt sie egoistisch, desinteressiert, kalt, unsympathisch und arrogant wirken, was zu einem beträchtlichen Leiden insbesondere bei ihren Partnerinnen führen kann. Aber für narzisstische Menschen haben die anderen nur solange eine Bedeutung, einen Wert, wie diese ihnen das geben, was sie brauchen, nämlich Aufmerksamkeit und Bewunderung. Darüber hinaus sind ihnen die anderen eher egal. Dies ist häufig auch ein Grund, warum narzisstische Menschen mit zunehmenden Lebensjahren mehr und mehr vereinsamen, denn die meisten Menschen werden sich nicht zuletzt wegen dieser Empathiearmut von ihnen abwenden.

Beispiel
Fred berichtet: »*Eigentlich interessieren mich andere Menschen überhaupt nicht. Wenn mein Vater anriefe und mir sagte, dass meine Oma gestorben sei, dann würde mich das kalt lassen. Und wenn meine Freundin sich über meine seltenen Anrufe beklagt und mir erzählt, sie würde sich einsam fühlen, dann höre ich mir das am Telefon zwar an, aber währenddessen checke ich meine Mails, weil ich mit diesen Vorwürfen echt nichts anfangen kann.*«

Diese Empathiearmut ist neben der unrealistischen Selbstidealisierung letztendlich wohl das größte Problem narzisstischer Menschen. Ohne Empathie kann man nämlich keine stabilen Beziehungen aufbauen, weder im privaten noch im beruflichen Leben.

Sie können an dieser Stelle bereits versuchen, für sich persönlich eine Linie zwischen einem gesunden Egoismus und einer narzisstischen Empathiearmut und damit zwischen einem gesunden und einem problematischen Narzissmus zu ziehen. Hierzu müssen Sie sich die beiden folgenden Fragen beantworten:

1. Wieviel Aufmerksamkeit, Interesse, Wertschätzung bringe ich anderen Menschen entgegen? Fordere ich mehr positive Beachtung und Bestätigung von anderen ein, als ich selbst zurückgebe?
2. Wie sehr geht mein Streben nach Selbstwert auf Kosten anderer Menschen? Wie sehr leiden andere Menschen unter meinem Drang nach Aufmerksamkeit, Bewunderung, Erfolg und Macht? Fühlt sich meine Partnerin bzw. mein Partner von mir dominiert, bevormundet, nicht beachtet, nicht wertgeschätzt und ungeliebt?

Diese beiden Fragen zielen darauf ab, welchen Stellenwert Ihre Partnerin und andere Menschen in Ihrem Leben haben. So ließe sich anstelle der genannten Fragen auch die folgende Gegenfrage stellen:

> **Frage**
> Wie zufrieden müssen andere Menschen im Kontakt mit Ihnen sein, damit Sie selbst zufrieden mit sich sein können?

Dieses Ungleichgewicht von Geben und Nehmen in sozialen Kontakten wird durch die folgende Abbildung (▸ Abb. 2) zum Ausdruck gebracht:

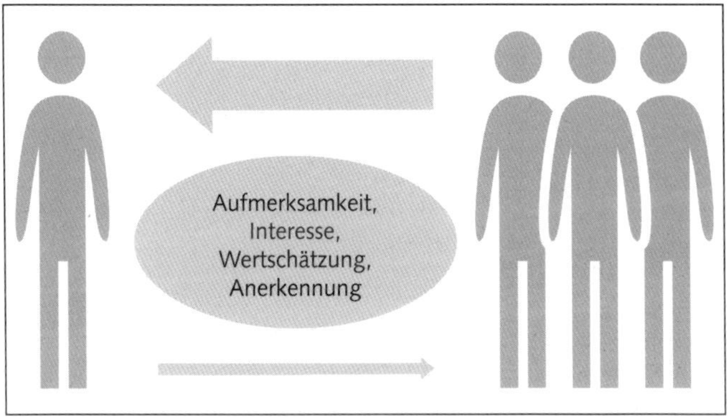

Abb. 2 Das Ungleichgewicht im Kontakt mit narzisstischen Menschen

Narzisstischen Menschen ist es tendenziell egal, wie zufrieden andere Menschen sich in ihrer Gegenwart fühlen. Die Hauptsache ist für sie, bewundert zu werden, erfolgreich zu sein, sich durchsetzen zu können, ihre Geschichten erzählen zu können und im Mittelpunkt zu stehen. Doch je weniger wichtig ihnen die Zufriedenheit anderer Menschen im Kontakt mit ihnen ist, desto problematischer sind ihre narzisstischen Eigenschaften, denn ihre Umwelt wird hierunter leiden und sich zunehmend distanzieren und zurückziehen. Und das wird früher oder später auch für narzisstische Menschen zu einem Problem, denn dann leiden sie unter Einsamkeit und Nichtbeachtung.

Ein weiteres Problem stellt der Neid dar, welcher sich bis zur Missgunst steigern kann. Es ist für narzisstische Menschen nur schwer erträglich, wenn andere Menschen etwas Besonderes vorzuweisen haben, wenn sie durch Leistungen Aufmerksamkeit erregen und Lob und Anerkennung erhalten. Ihr Neid äußert sich dann in Kritik, Missgunst und Kleinreden des Erfolgs anderer Menschen. Auch das macht sie nicht gerade zu sympathischen Menschen, mit denen man gerne befreundet ist, geschweige denn eine Partnerschaft eingehen will.

Frage
Können Sie sich über die positiven Eigenschaften und Erfolge Ihrer Partnerin, Freunde oder Kollegen freuen?

Abwertung anderer Menschen

Narzisstische Menschen erleben und behandeln andere Menschen häufig als minderwertig, schwach und unterlegen. Dem liegt ein perfider Mechanismus des Strebens nach Selbstwert zugrunde, denn je niedriger sie andere Menschen einschätzen, desto höher erleben sie sich im Vergleich zu ihnen. Narzisstische Menschen benutzen die (angebliche!) Schwäche der anderen, um sich selbst stark und überlegen zu fühlen. Dieser Mechanismus der Selbstwerterhöhung greift regelmäßig, wenn narzisstische Menschen sich mit Kritik, Misserfolgen und Trennungen konfrontiert sehen. Natürlich wollen und können sie ihre eigenen Schwächen und Fehler nicht zugeben. Stattdessen gehen sie zum Gegenangriff über und machen andere für ihre Misserfolge verantwortlich *(»Ich habe schlechte Mitarbeiter, deshalb ist das Projekt gescheitert!«)*, oder sie versuchen, den anderen in seiner ganzen Person in Frage zu stellen bzw. abzuwerten (zum Beispiel *»Wie kommst Du überhaupt dazu, mich zu kritisieren? Ich wüsste nicht, dass Du* *das beurteilen kannst«, »Bevor Sie mich kritisieren, müssen Sie erst einmal beweisen, dass Sie in meiner Liga spielen!«*). Dabei können sie eine unverhohlene Aggressivität und Unnachgiebigkeit zeigen, die für andere Menschen kaum zu ertragen ist.

Beispiel
Angesprochen auf seine angespannte Beziehung zu anderen Menschen, berichtet Carl: »*Das war bei mir schon immer so. Für mich sind andere Menschen erst einmal Idioten und sie müssen mir beweisen, dass sie es wert sind, sich in meiner Nähe aufzuhalten.*«

Anspruchshaltung und Erfolgsstreben

Ansprüche an sich selbst, zum Beispiel im Bereich des Berufslebens, sind ein wichtiger Motor für Entwicklung und Erfolg eines Menschen. Und man kann auch eine gesunde Anspruchshaltung gegenüber anderen Menschen haben, so zum Beispiel, dass man respektvoll von seinem Partner behandelt werden möchte. Narzisstische Menschen richten aber eine extrem hohe und häufig unrealistische Anspruchshaltung sowohl an sich selbst als auch an ihre Umgebung. So geht es ihnen um die »ideale« Beziehung, den »idealen« Job, den »idealen« Urlaub, die »ideale« Wohnung usw. Ihr Anspruch an sich selbst lässt sich zum Beispiel in Sätzen formulieren wie:

- *»Ich muss immer der Beste sein!«*
- *»Ich will bevorzugt behandelt werden!«*
- *»Ich darf keine Schwächen zeigen!«*
- *»Ich muss erfolgreicher als die anderen sein!«*
- *»Die anderen müssen mich immer bewundern!«*
- *»Ich muss immer im Mittelpunkt stehen!«*

Eine extrem hohe Anspruchshaltung birgt jedoch Gefahren, denn um ihr gerecht werden zu können, muss man sehr viel Zeit, Energie und Fokussierung aufbringen. Dies ist das Dilemma vieler erfolgreicher narzisstischer Menschen im Beruf, die bis an den Rand ihrer Erschöpfung arbeiten, nur um ihren eigenen Ansprüchen gerecht zu werden. Dabei haben sie aber beständig Angst davor, zu versagen, denn für sie hängt alles von ihrem Erfolg ab. Dieser Dauerstress birgt natürlich die Gefahr eines Burnouts und nicht wenige narzisstische Menschen kommen mit genau dieser Erkrankung zum Therapeuten bzw. in die Klinik.

Beispiel

Tim kommt mit einem Burnout in die Klinik. Als er von seiner Therapeutin auf seine beruflichen Anstrengungen angesprochen wird, antwortet er: *»Ich bin immer unter Strom! Immer! Wenn ich morgens aufwache, denke ich schon an all die beruflichen Aufgaben, die ich an dem Tag erfüllen muss. Und es gibt keinen Tag, an dem ich mal entspannt nach Hause fahre. Auch wenn ich abends im Bett liege, gehe ich meinen Tag noch einmal durch, um herauszufinden, wie ich noch besser hätte performen* können, *und mit wem ich mich am nächsten Tag anlegen muss, um mich durchzusetzen! Aber das beschränkt sich nicht auf meine Arbeit. Alles muss bei mir perfekt sein! Neulich war ich mit einer Frau zum ersten Mal aus, doch das Restaurant, das ich ausgewählt hatte, war eher mittelmäßig, und auch ich war an dem Abend kommunikativ nicht so gut drauf, wie ich es eigentlich von mir erwarte. Ich habe noch tagelang über diesen Abend nachgedacht und mich damit gestresst!«*

Natürlich schaffen es viele narzisstische Menschen nicht, ohne Hilfe von dieser dauerhaften Anspannung herunterzukommen, weshalb bei ihnen der Griff zum Alkohol oder Beruhigungstabletten häufig ist.

Außerdem steht die Befriedung einer hohen Anspruchshaltung so sehr im Mittelpunkt ihres Lebens, dass sie andere Quellen des Selbstwertes und der Zufriedenheit (Partnerin, Freunde, Interessen und Hobbies) nicht mehr verfolgen können. Hierzu fehlt ihnen einfach die Zeit. Sie setzen also ihr ganzes Selbstwertgefühl auf eine Karte. Sticht diese nicht, bricht das Selbstwertgefühl zusammen.

Beispiel

Noch einmal Tim: »*Außer meinem Beruf habe ich doch nichts. Und wenn dort mal etwas nicht so läuft, wie ich es will, dann macht mich das echt fertig. Ich weiß, andere Menschen lassen sich dann von ihrer Partnerin trösten, treffen Freunde oder was weiß ich. Aber meine Partnerin hat sich vor einem halben Jahr von mir getrennt und die paar Freunde, die ich noch habe, bedeuten mir nicht viel.*«

Eine überhöhte Anspruchshaltung, der Wunsch immer der Beste zu sein, kann darüber hinaus dann zum Problem werden, wenn man das gesetzte Ziel auch bei größter Anstrengung nicht erreichen kann. So bleiben nicht wenige narzisstische Menschen mit der Zeit deutlich hinter ihrem Anspruch zurück. Dann wird die Lücke zwischen Anspruch und Erfolg, zwischen Schein und Sein immer größer und schließlich auch für die anderen sichtbar. Übrig bleiben eine lebenslange Enttäuschung, Frustration und Verbitterung.

Beispiel

Jens hatte immer den Traum, eines Tages ein erfolgreicher Architekt zu sein. Doch schon bald bemerkte er, dass sich seine Träume im echten Berufsleben nicht ohne Weiteres verwirklichen ließen. Anstatt an prestigeträchtigen Großbauten zu arbeiten, musste er sich mit Fassadensanierungen und Umbauten von Supermärkten beschäftigen. Eine Zeitlang versuchte er, durch großen Arbeitseinsatz seine Stellung zu verbessern, um bei größeren Projekten mitarbeiten zu können. Doch als er sich nach einigen Jahren eingestehen musste, dass er es nicht zum Stararchitekten bringen würde, verlor er jegliche Ambitionen und zog sich immer weiter zurück. Nach mehreren Phasen der Depression und entsprechenden Krankschreibungen arbeitete er schließlich nur noch an statischen Berechnungen für ein großes Architekturbüro. Gegenüber seinen Verwandten und Freunden gab er dem Neid seiner Kollegen und der konsumorientierten Gesellschaft, welcher es an Sinn für Kultur und Schönheit bei öffentlichen Gebäuden fehle, die Schuld an seiner Entwicklung.

Narzisstische Menschen haben nach einem Misserfolg im Arbeitsleben häufig Schwierigkeiten, sich wieder aufzuraffen und sich um einen beruflichen Neueinstieg zu bemühen. Vielmehr neigen sie dazu, sich in Gedanken über die schlechte Welt und die angeblich egoistischen und neidischen Menschen um sie herum zu ergehen, die ihnen ihrer Meinung nach ihren Erfolg verwehrt haben. Aber diese Suche nach einem Sündenbock hilft ihnen natürlich nicht, wieder in ihr Berufsleben einzusteigen. Die Folge ist dann Arbeitslosigkeit, aus der viele nicht mehr herausfinden.

Wie eingangs erwähnt, richten sich die hohen Ansprüche narzisstischer Menschen aber auch an andere Menschen, insbesondere an ihre Partnerinnen. Diese müssen natürlich blendend aussehen, intelligent sein (doch bitte nicht zu erfolgreich) und überhaupt an ihrer Seite eine solche Ausstrahlung haben, dass andere Männer sie um diese Frau beneiden. Gegenüber anderen Menschen zeigt sich diese hohe Anspruchshaltung häufig in einem arroganten und anmaßenden Verhalten, mit dem sie signalisieren, dass diese eigentlich unter ihren Ansprüchen stehen und nicht gut genug für sie sind.

Ausnutzung anderer Menschen

Es ist völlig normal, die eigenen Interessen im Blick zu haben, solange wir bereit sind, Kompromisse zwischen unseren Bedürfnissen und denen anderer Menschen zu schließen, damit beide Seiten zufrieden sein können. Narzisstischen Menschen geht es jedoch überwiegend um ihre eigenen Bedürfnisse und Ziele. Für sie sind andere Menschen lediglich Material, das ihnen zur Erfüllung ihrer Bedürfnisse und Ziele nützlich sein könnte. Dabei nutzen sie andere Menschen oftmals regelrecht aus. Haben diese den gewünschten Zweck erfüllt und sind nicht mehr von Nutzen, wird der Kontakt zu ihnen einfach abgebrochen.

> **Beispiel**
> Steffi kommt aus eher einfachen Verhältnissen, doch hat sie den festen Willen, es in die »höhere Gesellschaft« zu schaffen. Als sie bei einem Seminar Thomas kennenlernt, der nicht nur Chefarzt ist, sondern offensichtlich auch in den besten Kreisen verkehrt, ist sie sofort äußerst interessiert, ihn näher kennenzulernen, auch wenn er nicht unbedingt ihr Typ ist. Fünf Jahre später trennt sie sich von ihm, nachdem sie durch ihn in der vermeintlich höheren Gesellschaft angekommen ist. Er hatte schlichtweg seine Funktion erfüllt und außerdem hat Steffi einen anderen Mann, einen Politiker mit hervorgehobener Stellung, kennengelernt.

Zu dieser rücksichtslosen Haltung gehört auch, dass sich narzisstische Menschen selten dankbar zeigen, nachdem sie ihre Ziele mit der Unterstützung anderer Menschen erreicht haben. So ist es durchaus typisch, wenn sie den Beitrag ihrer Mitarbeiter nach erfolgreichem Abschluss eines Projektes einfach unter den Tisch fallen lassen (wenn das Projekt aber ein Misserfolg sein sollte, dann tragen natürlich die unfähigen Kollegen die Schuld daran). Sie beanspruchen den Erfolg eben ganz für sich alleine und können nicht zugeben, dass sie auf die Zusammenarbeit mit anderen Menschen angewiesen waren. Dies widerstrebt ihrem Wunsch nach Überlegenheit und Unabhängigkeit. In Partnerschaften zeigt sich dies u.a. dadurch, dass sie es nicht ertragen können, gefühlsmäßig abhängig von ihrer Partnerin zu sein. Zu spüren, dass ein anderer Mensch Macht über sie hat, und sie leiden würden, wenn dieser Mensch sich abwendet oder sie auch nur kritisiert, erleben sie als bedrohlich. Lieber brechen sie eine Beziehung ab, als dass sie bereit wären, diese durchaus normale Form der Abhängigkeit in einer Liebesbeziehung einzugehen.

Info
Eine wesentliche Veränderung, die in der Psychotherapie narzisstischer Menschen angestrebt wird, besteht darin, dass sie lernen, sogenannte reife Abhängigkeiten in Beziehungen zu ertragen. Reif, weil es sich nicht um die existentielle Abhängigkeit wie die eines kleinen Kindes handelt, sondern um eine gefühlsmäßige Abhängigkeit, die man eingehen kann, weil man als erwachsener Mensch auch mit einem Verlust umzugehen wüsste. Ohne diese gefühlsmäßige Abhängigkeit bleibt jede Beziehung oberflächlich und beliebig.

Macht, Rivalität und Kontrolle

Führungswille und Durchsetzungsfähigkeit können nicht nur im beruflichen Bereich hilfreiche Eigenschaften sein, um erwünschte Ziele zu erreichen. Sie sollten aber mit Empathie für andere Menschen gepaart sein, mit sozialer Kompetenz und der Fähigkeit, zu kooperieren und Kompromisse einzugehen. Narzisstischen Menschen geht es jedoch häufig alleinig darum, Macht über andere auszuüben, sie genießen die Macht um der Macht willen. Sie brauchen das Erleben, besser, größer, mächtiger als die anderen zu sein, und wollen dies auch bestätigt bekommen, indem sich die anderen ihnen unterwerfen und sich ihrem Willen beugen (in einer sehr starken Ausprägung gerät dieses Bedürfnis nach Macht zu Sadismus, also einer krankhaften Befriedigung, die daraus gezogen wird, andere Menschen zu quälen und leiden zu lassen). Gleichberechtigte Beziehungen kennen sie nicht und sie haben wenig Interesse, sich in eine Gemeinschaft einzufügen. Ein ausgeprägter Narzissmus ist ohne Macht nicht vorstellbar, und Ohnmacht ist nahezu das Schlimmste, was einem narzisstischen Menschen passieren kann.

Beispiel

Nach langen Beziehungsstreitigkeiten hat sich Tina von Erik getrennt. In der Therapie sagt Erik hierzu: *»Das kann ich echt nicht akzeptieren, dass sie sich von mir getrennt hat. Wissen Sie, was ich tun werde? Ich werde sie wieder rumbekommen, und wenn wir dann zusammen sind, dann trenne ich mich von ihr!«*

Dieses Streben nach Macht zeigt sich auch in einer ausgeprägten Rivalität bis hin zur Streitsucht. Man spricht hier auch von konkurrierenden Verhaltensweisen, durch die eine Person immer wieder in Abgrenzung zu und Konfrontation mit anderen Menschen gerät. Dies kann sich beispielsweise darin zeigen, dass narzisstische Menschen im Gespräch beständig widersprechen, immer eine andere Meinung haben, egal was der andere auch sagt. Einer Meinung mit jemanden zu sein, ist für sie nur schwer möglich, dann wären sie ja auf einer Stufe mit dem anderen, dann wären sie normal und das passt nicht zu ihrem Selbstbild.

Beispiel

In der Paartherapie ergreift Andrea das Wort, um eines ihrer größten Probleme mit Stephan zu beschreiben: »*Er kann nie einer Meinung mit mir sein, nie akzeptiert oder wertschätzt er meine Ansichten und Gedanken. Was immer ich auch sage, er weiß es einfach besser. Sage ich A, dann sagt er mit Sicherheit B. Dabei redet er immer von oben herab zu mir, als ob ich irgendein Trottel wäre, dem man die Welt erklären muss. Von meinen beruflichen Dingen erzähle ich ihm schon lange nicht mehr, denn ich weiß schon vorab, was er antworten wird. Dass ich das alles komplett falsch angehe, ich naiv sei, ich die Sache nicht blicken würde und er mir jetzt mal erklären würde, wie ich das richtig machen müsste.*«

Hinter dem narzisstischen Streben nach Macht steht im Grunde ein Bedürfnis nach Kontrolle. Dabei handelt es sich um eine Kontrolle im Sinne eines Vermeidens jeglicher Unsicherheiten im Denken und Handeln. Typisch ist hierfür ihr Schwarz-Weiß-Denken: Entweder ist etwas ideal oder es ist schlecht, entweder ist ein anderer Mensch perfekt oder eine Niete, entweder ist eine Sache richtig oder sie ist falsch usw. Sich den Grautönen des Lebens zu stellen, Für und Wider gegeneinander abzuwägen, kommt bei ihnen kaum vor (schon gar nicht in einer Diskussion). Keine eindeutige Meinung zu haben, ist für sie gleichbedeutend mit einem Kontrollverlust, denn dann würden sie sich auf eine Diskussion auf Augenhöhe mit anderen Menschen einlassen müssen. Hier droht ihnen der Verlust ihrer Überlegenheit und das Erleben von Unsicherheit. Dieses Streben nach Meinungshoheit macht den Alltag mit narzisstischen Menschen schwer, weil sie auch bei noch so kleinen Fragen eine Extremposition beziehen, und weil sie nie von ihrer Meinung abrücken (da dies in ihren Augen einer Niederlage gleichkäme).

Beispiel

Angesprochen auf sein Kontrollbedürfnis sagt Carl: *»Für mich gibt es keine Grautöne. Entweder ist eine Sache falsch oder sie ist richtig. Entweder ist etwas gut oder schlecht.«*

Therapeut: *»Und dass eine Sache vielleicht verschiedene Seiten hat und es kein Richtig oder Falsch gibt? Kennen Sie das überhaupt nicht?«*

Carl: *»Nein, das würde ich nie akzeptieren.«*

Therapeut: *»Und wenn es doch mal eine Situation gibt, in der offensichtlich ist, dass es kein Richtig oder Falsch gibt? So zum Beispiel, wenn bei beruflichen Entscheidungen mehrere gleichwertige Möglichkeiten offenstehen?«*

Carl: *»Dann werde ich ganz schnell unsicher und fühle mich hilflos. Und das kann ich auf den Tod nicht ausstehen. Dann wähle ich ganz schnell eine Lösung, und die ist es dann!«*

Info

Viele narzisstische Menschen lernen erst in der Psychotherapie, sich differenziert mit sich und der Welt auseinanderzusetzen, das Für und Wider, das bei jeder Betrachtung und Beurteilung von alltäglichen Fragen und Problemen zu finden ist, abzuwägen und zu diskutieren. Das Schwarz-Weiß-Denken aufzugeben, sich auch auf Widersprüchlichkeiten und die damit verbundenen Diskussionen einzulassen, kann ein ganz wesentlicher Schritt der Veränderung sein.

Kränkbarkeit, Ärger, Wut und Aggressivität

Sich in bestimmten Situationen gegen Kritik und Ungerechtigkeiten zur Wehr zu setzen, gehört zu den gesunden und hilfreichen Kompetenzen eines Menschen. Und um dies zu tun, sind das Erleben von Ärger und ein gewisses Maß an aggressivem Verhalten manchmal notwendig. Narzisstische Menschen fühlen sich jedoch in ihrem Streben nach Einzigartigkeit und Überlegenheit bereits durch kleine Misserfolge und Alltagskritik bedroht und reagieren mit starkem Ärger, stellenweise sogar Wut, und einem aggressiven Verhalten, welches für andere nicht nachvollziehbar ist. Als Ursache für diese Reaktion muss ihre leichte Kränkbarkeit gesehen werden.

Info
Doch was ist eigentlich Kränkbarkeit? Es handelt sich hierbei um eine Mischung von drei verschiedenen Gefühlen: Scham, Ärger und Angst. Werden wir an einer empfindlichen Stelle kritisiert oder abgelehnt, dann kann das bei uns zunächst ein Gefühl von Scham auslösen, dem schmerzhaften Gefühl, nicht gut genug zu sein und deswegen nicht mehr von anderen Menschen geschätzt oder akzeptiert zu werden. Häufig reagieren wir dann mit Ärger oder sogar Wut auf den vermeintlichen Kritiker, denn damit können wir unsere Schamgefühle für kurze Zeit beherrschen. Doch oftmals kommt noch Angst hinzu, nämlich die Angst davor, was passieren wird, wenn wir unseren Ärger offen zeigen, die andere Person also angreifen. Wir könnten dann nämlich auf Unverständnis oder Ablehnung stoßen, oder sogar einen Ausschluss aus der Gemeinschaft erfahren, was wiederum erneut Angst und Schamgefühle in uns auslösen würde. Da schließt sich dann wieder der Kreis, aus dem wir nicht herausfinden, für den wir keine Lösung haben. Deswegen meiden wir häufig in solchen Situationen die Auseinandersetzung und ziehen uns eher gekränkt zurück.

Gekränkt zu reagieren, kann eine normale Reaktion sein, wenn wir zu Unrecht oder zu scharf kritisiert werden, doch in der Regel hält dieser Gefühlszustand bei uns nicht lange an und führt nicht zu heftigen Reaktionen. Es ist uns auch möglich, dass wir mit dem Kritiker über unsere Enttäuschung sprechen und die Dinge wieder richtigstellen. Narzisstische Menschen reagieren jedoch oftmals schon bei den geringsten Anlässen schwer gekränkt, was mit ihrer

Angst zu erklären ist, als schwach, inkompetent und unterlegen dazustehen. Ihre Kränkung erkennt man entweder an einem Rückzug, d. h. sie brechen den Kontakt abrupt ab, oder an ihrer wütenden und aggressiven Reaktion. Die nicht selten massiv geäußerte Wut und Aggressivität haben die Funktion, die Person, die ihre Frustration ausgelöst hat, kleinzumachen, häufig auch zu demütigen, um sich selbst wieder groß und überlegen fühlen zu können. Auch hält die Kränkung bei ihnen oft lange an, was sich in einem anhaltenden Groll gegen den vermeintlichen Verursacher äußert. Dies kann so weit gehen, dass sie zum Teil Monate nach einer erlittenen Kränkung angespannt und abweisend reagieren, oder sich sogar an der anderen Person rächen, was bei dieser jedoch auf Unverständnis stößt, da sie die Angelegenheit vermutlich bereits längst vergessen hat.

Man nennt die Extremausprägung dieser Reaktion auch narzisstische Wut, welche so stark sein kann, dass es dem gekränkten narzisstischen Menschen nur noch um Rache geht und er sogar eine Gefahr für andere Menschen darstellt (zum Beispiel für die Partnerin, wenn sie sich von ihm getrennt hat).

Frage
Sind Sie leicht kränkbar? Und wie reagieren Sie auf eine Kränkung?

Beispiel
Thomas ist Abteilungsleiter in einem Handelsunternehmen. Nach der Kündigung mehrerer wichtiger Mitarbeiter wackelt sein Chefsessel aufgrund seines aggressiven Führungsstils allerdings spürbar. Insbesondere seine Auge-um-Auge-Zahn-um-Zahn-Strategie hat wesentlich hierzu beigetragen. Sein Vorgesetzter hat ihn schließlich, wenn auch mit Nachdruck, dazu bewegen können,

mit einem Coach zusammenzuarbeiten. In der ersten Sitzung mit seinem Coach sagt Thomas: *»Ich vergesse nie etwas! Wenn mir einer dumm kommt, dann zahle ich ihm das früher oder später heim. Das lässt mir dann keine Ruhe, bis ich dem anderen spürbar weh getan habe. Aus meiner Sicht sind wir dann quitt, aber in dieser modernen Führungskultur muss man ja auf alle Rücksicht nehmen und alle sollen sich ja so unfassbar wohl fühlen. Ehrlich gesagt, das ist doch Schwachsinn! Dann müsste ich mir ja alles von den Mitarbeitern gefallen lassen!«*

Narzisstische Menschen sind aber nicht nur leicht gekränkt, sondern sie sind auch sehr gut darin, andere Menschen zu kränken. Natürlich gehen diese Kränkungen an den anderen Menschen nicht spurlos vorbei und früher oder später reagieren sie hierauf. Das kann narzisstischen Menschen sehr zum Nachteil gereichen, auch wenn sie ihre Verantwortung an den entstandenen Problemen nicht sehen können und wollen. Im Gegenteil, wenn beispielsweise die Partnerin sich zurückzieht, so werden sie hierfür in der Regel eine Erklärung haben, welche zu deren Lasten geht (zum Beispiel *»Die ist total empfindlich«* oder *»Mit der kann man einfach nicht vernünftig reden«*).

Frage
Neigen Sie dazu, andere Menschen leichtfertig zu kränken? Werden Sie in Problemsituationen schnell scharf und verletzend? Wurde Ihnen das schon einmal von anderen Menschen zurückgemeldet?

Oftmals aber reagiert die Umgebung erst mit einer gewissen Zeitverzögerung auf eine Kränkung. So werden die von ihrem Vorgesetzten gekränkten Mitarbeiter sich zunächst widerspruchslos dessen Wünschen fügen. Wer will sich schon mit einem solchen Chef anlegen? Aber viele vergessen diese Kränkung nicht, sondern rächen sich, wenn sich irgendwann einmal die Gelegenheit ergibt, auf ihre Art. Dies mag in Form eines langsameren Abarbeitens ihrer Aufgaben geschehen oder durch ein Hängenlassen des Chefs in Situationen, in denen er auf ihre Unterstützung angewiesen ist. Diesem ist dann vermutlich jedoch nicht bewusst, dass das störende Verhalten seiner Mitarbeiter ursprünglich auf sein eigenes, kränkendes Verhalten zurückzuführen ist. Und so reagiert er wiederum aggressiv und abwertend, sodass eine Spirale der Aggressivität und Abwertung entsteht, was auf lange Sicht zu einer Demotivierung der Mitarbeiter führt (gleiches passiert natürlich auch in partnerschaftlichen Beziehungen).

Nachteile für die Betroffenen

Wir haben Ihnen nun die einzelnen Facetten einer intensiven und zunehmend problematischen Ausprägung narzisstischer Persönlichkeitseigenschaften vorgestellt. Aber sind diese immer von Nachteil für die betreffende Person? Nicht wenige solcher Menschen würden auf Nachfrage behaupten, dass sie mit ihrem Leben zufrieden sind und keine Probleme mit sich und ihrer Persönlichkeit haben. Manchmal bekommen sie die negativen Auswirkungen ihres Verhaltens überhaupt nicht mit und geben für sämtliche ihrer Probleme anderen Menschen die Schuld *(»Meine Partnerin kam einfach mit meinem Erfolg nicht zurecht«, »Mein Chef hat eben Angst gehabt, dass ich ihn aus seiner Position verdrängen würde«* oder *»Der Freundeskreis war von meinem Intellekt überfordert«).* Mit dieser Haltung lässt es sich für den narzisstischen Menschen (leider) eine ganze Zeit gut leben, denn diejenigen, die leiden, sind zunächst nur die anderen. Doch genau deren Leiden wird früher oder später zu einer Bedrohung für sie selbst, denn schließlich brauchen sie ja die Aufmerksamkeit und Bewunderung der anderen Menschen für ihren Selbstwert.

Da also Ihre Einsicht in diese Nachteile entscheidend für Ihre Veränderungsmotivation ist, wollen wir Ihnen die wesentlichen Nachteile zusammengefasst noch einmal deutlich aufzeigen. Wir sprechen Sie im Folgenden persönlich an, doch entscheiden Sie bitte selbst, welche der aufgeführten negativen Erlebnisse womöglich auf Sie zutreffen.

Einsamkeit

Auch wenn es Ihnen vielleicht egal ist, ob Ihre Umwelt unter Ihnen leidet oder nicht, so wird dies dennoch auf lange Sicht auch zu einem Problem für Sie. Denn früher oder später werden Ihnen die Menschen in Ihrem Umfeld direkt oder indirekt zu verstehen geben, dass sie mit Ihnen nichts mehr zu tun haben wollen, Sie werden Konflikte mit gravierenden Konsequenzen am Arbeitsplatz haben und natürlich partnerschaftliche Probleme erleben. Sie werden vielleicht von Ihrer Partnerin verlassen und stellen plötzlich fest, dass diese Ihnen mehr bedeutet, als Sie es sich bislang eingestanden haben. Oder Ihre Arbeitskollegen ertragen zwar mit zusammengebissenen Zähnen Ihre arrogante und egoistische Art, aber in der Mittagspause sitzen Sie alleine an einem Tisch in der Kantine. Ein ausgeprägtes narzisstisches Verhalten ist wie ein Bumerang, denn irgendwann kommen die negativen Konsequenzen Ihres eigenen Verhaltens zu Ihnen zurückgeflogen. Viele narzisstische Menschen stehen irgendwann alleine da und merken erst dann, wie wichtig andere Menschen für sie eigentlich sind. Und zwar nicht nur als Bewunderer und Applaudierer, sondern als Partnerinnen, Freunde und Kollegen.

Frage
Leiden Ihre Partnerin oder andere Menschen unter Ihren narzisstischen Verhaltensweisen? Und wie glauben Sie, wird sich Ihr Verhältnis zu diesen Personen entwickeln, wenn Sie sich weiter so verhalten?

Die Einsamkeit vieler narzisstischer Menschen stellt einen Teufelskreis dar (▸Abb. 3): Sie entsteht durch ihre stete Angst vor Ablehnung, die sie durch ihr narzisstisches Verhalten zu bekämpfen versuchen. Leider reagieren ihre Mitmenschen auf eben diese Verhaltensweisen mit genau der Zurückhaltung und Ablehnung, vor der sich narzisstische Menschen so sehr fürchten.

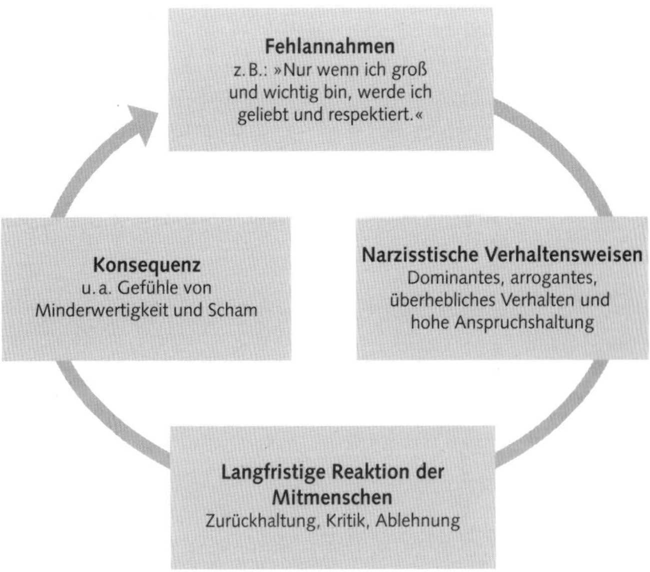

Abb. 3 Narzisstischer Teufelskreis

Narzisstische Fantasien von Erfolg, Reichtum, der idealen Frau usw. fühlen sich sehr viel schöner an, als das harte Arbeiten an persönlichen Zielen und auch an einer Partnerschaft. Deswegen sieht Ihre Realität mit der Zeit immer weniger so rosig aus, wie Sie es sich in Ihrer Fantasie vielleicht ausgemalt haben. Je mehr dann aber Anspruch und Realität auseinanderklaffen, desto mehr kommen Sie in Bedrängnis. Zunächst bemerken nur Sie diese Lücke zwischen Ihren Ansprüchen und grandiosen Fantasien und dem, was Sie real erreicht haben. Das alleine tut schon weh und sorgt für eine nicht geringe Frustration. Irgendwann wird diese Lücke aber auch für andere Menschen sichtbar, so zum Beispiel, wenn Sie die hohen Ziele, von denen Sie anderen vielleicht während Ihrer Ausbildung oder Ihres Studiums berichtet haben, im Berufsleben objektiv nicht erreichen. In den Augen der anderen aber erfolglos zu sein, ist eine Niederlage, die Sie tief trifft. Und während Sie mit sich und der Welt zunehmend hadern, ziehen andere Menschen in Bezug auf Leistung, Erfolg, Partnerschaft und auch Lebensfreude an Ihnen vorbei. Dann haben Sie vielleicht mit 35 Jahren eine abgebrochene Lehre oder ein abgebrochenes Studium hinter sich, jobben unter dem vormals angestrebten Niveau und auch unter dem eigenen Leistungsvermögen und sehen frustriert, was andere Menschen im gleichen Alter bereits geschafft haben.

Wenn Sie Ihre Ziele nicht erreichen, und Sie aus diesem Grund von den Menschen in Ihrem Umfeld nicht mehr die erforderliche Aufmerksamkeit, Anerkennung und Bewunderung bekommen, dann reagieren Sie unter Umständen mit einem kompletten Rückzug. Je länger Sie aber keine neue Arbeit aufnehmen, desto unwahrscheinlicher wird es leider, dass Sie dies jemals wieder versuchen werden. Haben Sie erst einmal einige Jahre arbeitslos zuhause verbracht, würde eine Rückkehr in das Berufsleben nämlich bedeuten, dass Sie unter dem ehemals erreichten Niveau und womöglich sogar ganz von vorne anfangen müssten. Das aber wäre wahrscheinlich unerträglich für Sie, denn Ihre einstige Überlegenheit, oder besser, die Fantasie Ihrer Überlegenheit wäre damit dahin. Mit anderen Worten: Sie würden sich schämen, da ja hiermit vor aller Augen Ihr Scheitern zutage treten würde.

Beispiel

In der Paartherapie erzählt Susanne: *»Vor fünf Jahren wurde Reneé von seiner Firma gekündigt, nachdem er sich mit seinem Vorgesetzten angelegt hatte. Seiner Meinung nach sei er aus der Firma gemobbt worden, weil sein Vorgesetzter Angst vor seiner Kompetenz und seinem Wissen gehabt habe. Seitdem ist er arbeitslos und findet keine neue Beschäftigung, die seinen Ansprüchen genügen würde. Eine Position anzunehmen, die unter seiner letzten Beschäftigung liegt, lehnt er aber kategorisch ab. Lieber sitzt er die meiste Zeit des Tages vor dem Computer oder dem Fernseher. Ich traue mich schon lange nicht mehr, ihm Vorschläge zu machen, wie er eine neue Beschäftigung finden könnte, denn dann reagiert er aggressiv!«*

Unzufriedenheit

Sie erleben zwar täglich Ihre Hochs bei Ihrer Arbeit und haben Ihre Erfolgserlebnisse, Sie haben vielleicht viel Geld verdient und vieles mehr, aber dennoch sind Sie mit sich und Ihrem Leben unzufrieden. Die nahezu komplette Ausrichtung Ihres Tuns und Handelns auf Beachtung, Anerkennung und Bewunderung hat nämlich dazu geführt, dass Sie alle anderen Interessen und damit letzten Endes sich selbst vernachlässigt haben. Hinter der Fassade der Grandiosität und des Erfolges erleben Sie ein quälendes Gefühl der inneren Leere und der Sinnlosigkeit, eine tiefe Unzufriedenheit mit sich und Ihrem Leben. Solange Sie aktiv sind, arbeiten, unter Menschen sind, macht sich dies wenig bemerkbar, denn dann sind Sie abgelenkt. Aber wenn Sie abends oder am Wochenende alleine sind, spüren Sie diese innere Leere und Sinnlosigkeit. Und dann merken Sie, wie wenig Sie mit sich anzufangen wissen, denn Sie haben keine wirklichen Interessen oder Hobbies, die Ihnen Spaß machen, und keine wirklichen Freundschaften. Diese Unzufriedenheit ist so quälend, dass Sie immer auf der Suche nach der nächsten Beschäftigung sind, nur um sich irgendwie von diesen Gefühlen abzulenken. Doch diese Lösung ist nur eine vorübergehende und Ihre tiefe Unzufriedenheit und Ihr Gefühl der Sinnlosigkeit wird mit der Zeit immer stärker.

Stress

Ihr hoher Anspruch, Ihr beständiges Streben nach Überlegenheit und Erfolg, Ihre Angst vor Kritik, Zurückweisung oder Misserfolg setzt Sie unter einen enormen Druck. Wenn Sie mit anderen Menschen zusammen sind, sind Sie rastlos damit beschäftigt, sich möglichst gut zu präsentieren, den intelligenteren Gedanken zu haben, die bessere Story zu erzählen und den witzigeren Spruch parat zu haben. Dies bedeutet einen ständigen Kampf, der Sie große Anstrengung und Konzentration kostet. Um allen anderen überlegen zu sein und bloß keine Kritik aufkommen zu lassen, müssen Sie eben in Allem perfekt sein. Abschließend gewinnen können Sie diesen Kampf letztlich aber nie, sondern müssen ihn jeden Tag aufs Neue aufnehmen. Gleiches gilt natürlich auch in Bezug auf Ihren Beruf, wo es täglich um Sieg oder Niederlage geht. Und dieser Druck mündet schließlich in einer Daueranspannung, also in einem konstant hohen Stresslevel. Dann sind Sie kaum noch in der Lage, sich in Ihrer Freizeit zu entspannen, ein freies Wochenende so zu gestalten, dass Sie zur Ruhe kommen, oder einfach nur das zu genießen, was Sie gerade tun.

Frage
Wie erleben Sie ein Wochenende, an dem Sie keine Pläne oder Verabredungen haben, oder Ihre Familie (falls Sie eine haben) nicht anwesend ist? Freuen Sie sich auf die freie Zeit oder erfüllt Sie diese Aussicht eher mit Unsicherheit und Anspannung?

Beispiel
Kurt berichtet: »*Ich bin immer total angespannt! Das macht mich echt fertig! Entspannung kenne ich gar nicht. Wo andere Menschen einfach einen Abend mit Freunden genießen, da muss ich performen, um einen guten Eindruck zu hinterlassen. Wo andere Menschen einen Tag in der Firma mal langsam angehen lassen, da muss ich immer auf Hochdruck arbeiten. Früher konnte ich noch am Wochenende beim Fernsehen entspannen, aber das geht auch nicht mehr. Zur Ruhe komme ich nur noch, wenn ich Alkohol trinke.*«

Krisen

Ihr Leben ist vielleicht oftmals wie eine Achterbahnfahrt: Solange Sie erfolgreich sind und von anderen Menschen beachtet und bewundert werden, ist alles gut und Ihr Selbstwertgefühl scheint stabil zu sein. Kommt es jedoch zu einem Misserfolg, Problemen am Arbeitsplatz oder werden Sie von Ihrer Partnerin verlassen, dann kann es zu krisenhaften Zuspitzungen kommen. In solchen Situationen spüren Sie Ihre ganze Machtlosigkeit, Ihr Selbstwertgefühl bricht zusammen wie ein Kartenhaus, und auf einmal erleben Sie bedrohliche Gefühle wie Scham, Angst und Hilflosigkeit (▸ Kapitel 10).

Eine solche Krise kann dann in einer Depression und damit einhergehend einem Verlust der Lebensfreude, in Antriebs- und Energiemangel, sozialem Rückzug und sogar Selbstmordgedanken münden. Leider fällt es gerade narzisstischen Menschen in solchen Fällen sehr schwer, therapeutische Hilfe anzunehmen, so notwendig und hilfreich diese sein kann.

Beispiel

Jens befand sich schon seit einiger Zeit in einer Beziehungskrise mit seiner Partnerin. Er hatte diese zuvor mehrfach betrogen und sie auch schon einmal verlassen. Jetzt stand ihre Beziehung wieder einmal auf der Kippe. Am Abend war er mit Freunden in einem Restaurant zum Essen und hatte bereits mehrere Gläser Wein getrunken. Als er routinemäßig auf sein Handy schaute, fand er dort die Nachricht seiner Freundin, dass sie sich jetzt endgültig von ihm trennen würde. Er verließ daraufhin die Runde und ging nach Hause, wo er sich mit Tabletten das Leben zu nehmen versuchte. Glücklicherweise konnte er gerettet werden, da er zuvor von seinem Smartphone aus eine Abschiedsnachricht an einen Freund verschickt hatte. Im therapeutischen Gespräch berichtet er, dass er es nicht hätte ertragen können, verlassen worden zu sein. Unter dem Einfluss von Alkohol habe er sich dann zum Selbstmord entschlossen.

Fazit

Wir haben Ihnen die Nachteile sehr stark ausgeprägter narzisstischer Eigenschaften in drastischer Weise geschildert. Vielleicht haben Sie sich in der ein oder anderen Beschreibung, wenn auch in abgemilderter Form, wiedergefunden. Auch wenn das der Fall ist, sollten Sie sich nun aber nicht gleich in Ihrer ganzen Person infrage stellen, sondern die geschilderten Probleme nur als einen Teil Ihrer Persönlichkeit betrachten. Bei einer solchen kritischen Selbstbetrachtung hat sich unserer Erfahrung nach die 80:20-Regel bewährt. Zu 80 % sind Sie so, wie Sie sind, vollkommen in Ordnung, auch mit Ihren Ecken und Kanten und Ihren selbstbewussten Persönlichkeitseigenschaften. Höchstens 20 % Ihrer Einstellungen und Verhaltensweisen sind kritisch zu betrachten und möglicherweise veränderungsbedürftig. Ebenso gut kann die Ausprägung Ihrer kritischen Persönlichkeitseigenschaften auch viel geringer sein. Daran können Sie aber auf jeden Fall arbeiten! Wichtig ist nur, nicht zu vergessen, dass Sie zu einem ganz wesentlichen Anteil in Ordnung sind.

Um sich der Auseinandersetzung mit ihren narzisstischen Persönlichkeitseigenschaften zu stellen, sollten Sie sich vor Augen führen, was Sie bislang entbehrt haben, und was Sie in Zukunft erreichen wollen. Zu den wichtigsten positiven Zielen könnten einer oder mehrere der folgenden Wünsche gehören:

- *»Ich möchte endlich eine stabile Beziehung mit einer Partnerin führen.«*
- *»Ich möchte freundschaftliche Beziehungen mit anderen Menschen haben.«*
- *»Ich möchte im Beruf besser mit meinen Arbeitskollegen zurechtkommen.«*
- *»Ich möchte mit meinem Privatleben zufriedener sein.«*

Frage
Was entbehren Sie? Was würden Sie gerne für sich erreichen?

Info

In der Therapie äußern viele narzisstische Menschen den Wunsch, sich selbst endlich besser verstehen zu können. Dies ist nur allzu verständlich, denn so wenig sie Nähe zu anderen Menschen eingehen und ertragen können, so wenig ertragen sie die Nähe zu sich selbst. Wenden sie sich ihrer inneren Welt und insbesondere ihren Gefühlen zu, dann werden sie unsicher und hilflos. Deshalb geht ihr Blick selten nach innen und so bleibt ihre innere Welt ihnen fremd. Der Wunsch, sich selbst besser verstehen zu können, ist nicht zuletzt der Wunsch nach mehr Sicherheit im Umgang mit sich selbst.

4 Die narzisstische Persönlichkeitsstörung

Wir haben uns bislang mit narzisstischen Persönlichkeitseigenschaften beschäftigt, die man durchaus als problematisch, aber nicht als gestört bzw. krankhaft bezeichnen darf. Hier werden sicherlich viele Menschen aufschreien, die unter einem narzisstischen Partner, Freund, Vorgesetzten, Mitarbeiter etc. zu leiden haben und sich fragen, warum man nicht von einer narzisstischen Störung bzw. Erkrankung sprechen darf. Dies ist einfach zu erklären: In dem Augenblick, in dem man von einer Persönlichkeitsstörung spricht, bedient man sich eines offiziellen und klar definierten Krankheitsbegriffs aus der Psychiatrie. Die Verwendung des Begriffs der Persönlichkeitsstörung suggeriert deshalb, dass der betreffende Mensch auch im psychologischen und medizinischen Sinn als gestört anzusehen ist. Damit bekommt dieser Mensch gewissermaßen einen offiziellen Stempel aufgedrückt. Dass ein Mensch sich störend verhalt, heißt aber keinesfalls, dass er auch gestört ist! Ein Mensch mag unangenehm, verletzend, abwertend und vieles mehr sein und damit auf berechtigte Kritik seitens seiner Umwelt stoßen, aber er ist deshalb nicht zwangsläufig in einem krankhaften Sinn gestört, genauso wenig, wie etwa ängstliche oder schüchterne Menschen als gestört zu bezeichnen sind. Natürlich sind diese aufgrund ihrer Persönlichkeitseigenschaften viel angenehmer für ihre Umwelt, aber genau das ist der Punkt: Ob ein Mensch angenehm oder unangenehm für seine Umwelt ist, darf kein Kriterium dafür sein, ihm eine Störung zu unterstellen.

Beispiel

Ina hat es endlich geschafft, ihren Mann zu einer Paartherapie zu bewegen, bei der sie die erste Sitzung mit den Worten eröffnet: »*Thomas hat eine narzisstische Persönlichkeitsstörung!*« Im Laufe der Therapie stellt sich aber heraus, dass Thomas zwar ein überaus selbstbewusster Mann ist, der teilweise auch einige etwas ausgeprägtere narzisstische Persönlichkeitseigenschaften aufweist, aber beileibe keine Persönlichkeitsstörung hat. Und es stellt sich ebenfalls heraus, dass die Paarprobleme nicht nur mit ihm zu tun haben, sondern auch mit der deutlich ausgeprägten Selbstunsicherheit von Ina, durch die sie umso empfindlicher auf Thomas' Art reagiert.

Um eine narzisstische Persönlichkeitsstörung diagnostizieren zu dürfen, müssen mehrere Anforderungen erfüllt sein. Hierzu gehört zunächst das Auftreten von mindestens 5 der im Folgenden genannten Kriterien. Die Person

1. hat ein grandioses Gefühl der eigenen Wichtigkeit,
2. ist stark eingenommen von Fantasien grenzenlosen Erfolges, Macht, Glanz, Schönheit oder idealer Liebe,
3. glaubt von sich, besonders und einzigartig zu sein und nur von anderen besonderen oder angesehenen Personen (oder Institutionen) verstanden zu werden (und auch nur mit diesen verkehren zu können),
4. verlangt nach übermäßiger Bewunderung,
5. legt ein hohes Anspruchsdenken an den Tag,
6. ist in zwischenmenschlichen Beziehungen ausbeuterisch,
7. zeigt einen Mangel an Empathie,
8. ist häufig neidisch auf andere oder glaubt, andere seien neidisch auf sie,
9. zeigt arrogante, überhebliche Verhaltensweisen oder Haltungen.

Diese Kriterien bzw. Persönlichkeitseigenschaften werden Ihnen vielleicht aus den bisherigen Schilderungen bekannt vorkommen. Doch alleine das Vorliegen dieser Kriterien reicht noch nicht für eine Diagnose aus. Darüber hinaus müssen hierzu auch sämtliche der folgenden Kriterien erfüllt sein. Die Person

1. weist diese Persönlichkeitseigenschaften in allen Lebensbereichen auf (sodass nicht nur die Partnerin, sondern auch alle anderen Menschen diese wahrnehmen),
2. ist nicht flexibel in Bezug auf diese Persönlichkeitseigenschaften, d.h. sie kann diese nicht den jeweiligen Situationen entsprechend anpassen (so schafft sie es zum Beispiel nicht, sich im Beruf gegenüber Vorgesetzten oder in entscheidenden Situationen sozial kompetent zu verhalten),
3. zeigt diese Persönlichkeitseigenschaften in einer starken und nicht mehr gesunden Ausprägung (und ob das bei einer Person der Fall ist, sollte nur ein Psychiater oder Psychotherapeut entscheiden),
4. weist diese Persönlichkeitseigenschaften bereits seit der Jugend auf,
5. leidet unter ihren narzisstischen Persönlichkeitseigenschaften bzw. deren Folgen.

All diese Kriterien müssen zwingend erfüllt sein, um die Diagnose einer narzisstischen Persönlichkeitsstörung stellen zu dürfen. Wenn nicht, dann weist die betreffende Person allenfalls ausgeprägte narzisstische Persönlichkeitseigenschaften auf, hat aber keine Persönlichkeitsstörung.

Sie werden an dieser Stelle vielleicht etwas verwirrt sein und sich fragen, wo denn nun die Grenze zwischen einem problematischen Narzissmus und der narzisstischen Persönlichkeitsstörung liegt. Und wiederum müssen wir Ihnen leider antworten, dass es diese klare Grenze nicht gibt, denn die Übergänge sind auch hier fließend. Dennoch wollen wir versuchen, die Unterschiede zwischen den Formen des Narzissmus zu Ihrer Orientierung auf den Punkt zu bringen. Tabelle 2 (►Tab. 2) zeigt den Übergang vom gesunden über den problematischen Narzissmus bis hin zur narzisstischen Persönlichkeitsstörung.

Man kann also sagen, dass mit einer zunehmend problematischen Ausprägung narzisstischer Eigenschaften die zwischenmenschlichen Probleme und Spannungen zunehmen, während die psychische Stabilität und der Erfolg abnehmen (►Abb. 4). Diese Zusammenhänge lassen sich in folgender Weise bildlich darstellen:

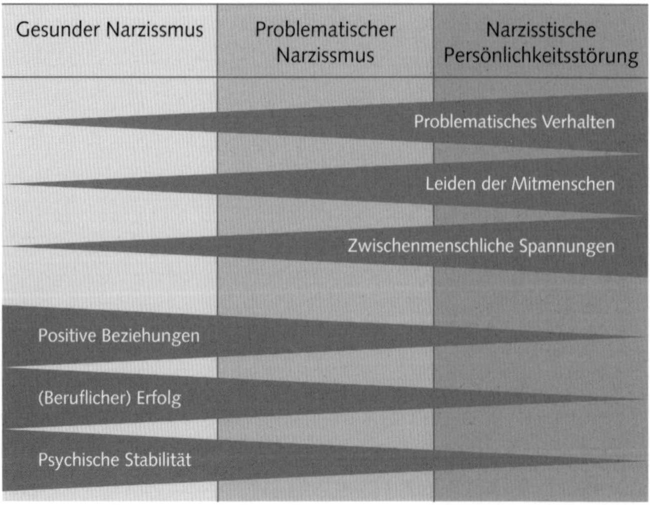

Abb. 4 Ausprägung narzisstischer Eigenschaften beim gesunden Narzissmus, problematischen Narzissmus und bei der narzisstischen Persönlichkeitsstörung

Tab. 2 Übergänge vom gesunden Narzissmus zur narzisstischen Persönlichkeitsstörung

Narzisstische Ausprägung	**Gesunder Narzissmus**	**Problematischer Narzissmus**	**Narzisstische Persönlichkeitsstörung**
Selbstbewusstsein	Hohes, aber realistisches Selbstbewusstsein	Überhöhtes Selbstbewusstsein und leichte Selbstüberschätzung	Stark überhöhtes Selbstbewusstsein mit realitätsferner Selbstüberschätzung
Verhalten	Selbstbewusstes Verhalten auf Augenhöhe, ohne andere Menschen abzuwerten	Deutlich narzisstische Verhaltensweisen mit wenig wertschätzender Haltung für Andere	Extreme narzisstische Verhaltensweisen mit Entwertung und Ausbeutung anderer Menschen
Psychische Stabilität	Die Person ist psychisch sehr stabil	Die Person ist psychisch stabil, solange sie beachtet und bewundert wird	Die Person ist häufig instabil
Beziehung zu Anderen	Beziehungen sind stabil, ohne dass andere Menschen unter der Person leiden	Beziehungen sind spannungsreich und instabil, insbesondere die Partnerinnen leiden unter den narzisstischen Verhaltensweisen	Beziehungen sind hoch spannungs- bis aggressionsgeladen. Andere Menschen leiden sehr unter den schwerwiegend narzisstischen Verhaltensweisen

5 Hinter der Maske – Die innere Welt narzisstischer Menschen

Bislang sind wir an der Oberfläche des Narzissmus geblieben und haben uns überwiegend das Verhalten narzisstischer Menschen angeschaut. Was man dort zu sehen bekommt, wird als das *grandiose Selbst* des Narzissmus bezeichnet (u.a. Selbstidealisierung, Anspruchshaltung, Egoismus, fehlendes Mitgefühl für andere Menschen). Je ausgeprägter dieses grandiose Selbst ist, desto unangenehmer fällt es anderen Menschen auf. Deswegen ist man häufig auch versucht, dem narzisstischen Menschen klar zu machen, dass er längst nicht so toll und überlegen ist, wie er sich offenbar selbst fühlt. Nach dem Motto: *»Dem muss man mal ordentlich eins auf den Deckel geben, damit er von seinem hohen Ross herunterkommt!«* Dies ist sicherlich eine nachvollziehbare Reaktion angesichts des Verhaltens narzisstischer Menschen. Jedoch ist das grandiose Selbst nur ein Teil der narzisstischen Persönlichkeit und viele Menschen wären erstaunt, wenn sie wüssten, was sich häufig (nicht immer!) hinter dieser Fassade verbirgt. Je stärker nämlich die narzisstischen Eigenschaften ausgeprägt sind, desto größer ist die Wahrscheinlichkeit, dass ein narzisstischer Mensch selbst leidet. Angesichts dieser Aussage würden sich Partnerinnen, Freunde, Bekannte und Kollegen verwundert die Augen reiben, denn schließlich sind sie es doch, die unter seinem Verhalten leiden?!? Das ist auch sicherlich richtig, aber dass narzisstische Menschen an sich selbst leiden, können andere Menschen oftmals überhaupt nicht bemerken, weil sie diese Seite vor den Blicken anderer, nicht zuletzt aber auch vor sich selbst verbergen.

Um einen lebensnahen Eindruck dieser leidvollen inneren Welt zu geben, haben wir für Sie Zitate von narzisstischen Patienten aus der Psychotherapie gesammelt:

»Ich würde mich nie alleine in ein Restaurant setzen, denn ich würde die Blicke der Leute nicht ertragen, die zu mehreren an einem Tisch sitzen. Ich hätte dann das Gefühl, dass sie mich ansehen, als ob sie Mitleid mit mir hätten, weil ich offenbar keinen anderen Menschen kenne.«

»Wenn ich joggen gehe und mich eine Frau oder ein Mann um die 60 Jahre überholt, würde ich mich am liebsten in die nächste Hecke verdrücken. Ich fühle mich dann wie ein Versager!«

»Ich gehe immer davon aus, dass sich andere Menschen über mich lustig machen könnten, wenn ich eine Schwäche zeige oder einen Fehler mache.«

»Eigentlich bin ich doch ein ganz armes Würstchen, aber das darf keiner sehen.«

»Wenn ich abends auf einer Party bin und ich kann so richtig performen und alle schauen mich an, dann fühle ich mich gut. Wenn ich aber auf der Party nicht ankomme, dann werde ich auf einmal ganz unsicher und traurig. Dann breche ich sofort auf und verkrieche mich zuhause.«

»Während ich auf einer Party so richtig aufdrehe und die Leute unterhalte, bin ich in meinem Element. Am nächsten Morgen schäme ich mich meistens für mein

Verhalten. Ich denke dann, dass ich mich lächerlich gemacht habe und allen auf die Nerven gegangen bin.«

»Manchmal glaube ich, dass ich beziehungsunfähig bin. Ich bin immer auf der Jagd nach sexuellen Abenteuern. Erobern und Weiterziehen. Nach einem One-Night-Stand stellt sich aber schnell ein Gefühl der Leere ein und dann brauche ich den nächsten Kick.«

»Ich setze jeden Tag meine Maske auf, damit niemand merkt, wie es mir in Wirklichkeit geht.«

»Ich hasse es, wenn wir mit Freunden zusammensitzen und meine Freundin bei einem bestimmten Thema besser Bescheid weiß als ich. Dann fühle ich mich so klein und jämmerlich.«

»Ich kann schöne Augenblicke nicht genießen, weil ich immer angespannt bin. Wenn ich zum Beispiel einen romantischen Abend mit meiner Freundin verbringen möchte, muss alles perfekt sein. Wenn irgendwas nicht passt, fühle ich mich als Versager!«

»Die Suche nach einer festen Partnerschaft habe ich aufgegeben. Ich habe lange nach der idealen Beziehung gesucht und musste feststellen, dass ich es mit keiner Frau aushalte bzw. die Frauen mit mir. Ich glaube, ich bin beziehungsunfähig.«

»Ich muss alles immer im Griff haben, muss alles unter Kontrolle haben. Wenn das nicht der Fall ist, werde ich total unsicher und angespannt, denn dann weiß ich nicht, was passieren wird.«

»Ich habe eigentlich keine Ahnung, wer ich wirklich bin. Ich weiß, was ich tue, um Aufmerksamkeit und Bewunderung zu bekommen, aber die bekomme ich ja eigentlich nicht für mich, sondern für meine Aufführungen. Wenn ich alleine bin, dann sacke ich innerlich in mich zusammen und fühle mich leer und traurig.«

Diese Zitate weisen auf eine gänzlich andere Seite narzisstischer Menschen hin, ohne die ihre narzisstische Problematik oftmals kaum zu verstehen ist. Man nennt diese Seite das *vulnerable Selbst*, das wir Ihnen im nächsten Abschnitt näher erläutern wollen.

Das vulnerable Selbst

Hinter dem sichtbaren grandiosen Selbst verbirgt sich bei vielen narzisstischen Menschen ein sogenanntes vulnerables (verletztes) Selbst. Insgeheim fühlen sie sich nämlich schwach, minderwertig, ängstlich, einsam und hilflos. Sie haben also eigentlich ein niedriges Selbstwertgefühl, das nach außen zu verbergen sie schon früh gelernt haben. Keiner darf merken, wie minderwertig oder gar unfähig sie sich fühlen, keiner darf diese tiefe Unsicherheit bei ihnen entdecken. Im Gegenteil, alle sollen wissen, wie groß, toll und überlegen sie sind.

Info
Achtung! Nicht alle narzisstischen Menschen haben ein solches vulnerables Selbst. Manche fühlen sich von Grund auf, in jeder Hinsicht und ohne jeden Selbstzweifel den anderen Menschen überlegen.

Natürlich haben wir alle unsere Unsicherheiten, Schwächen und Selbstzweifel, welche wir vor den Blicken der anderen eher verbergen wollen. Aber die meisten Menschen sind selbstbewusst genug, diese Seite ihrer Persönlichkeit zu akzeptieren und sich mit ihr auseinanderzusetzen, sodass sie diese nicht unbedingt verstecken müssen. Das vulnerable Selbst narzisstischer Menschen ist aber so stark ausgeprägt, ihre Selbstunsicherheit und Selbstzweifel so intensiv und quälend, dass es ihnen unerträglich wäre, wenn andere Menschen dies mitbekommen würden. Genau hierfür tragen sie ihr grandioses Selbst wie ein Schild vor sich her, bzw. setzen es wie eine Maske auf. Diese Spannung zwischen dem grandiosen und dem vulnerablen Selbst wird als *narzisstische Selbstwertproblematik* bezeichnet.

Man kann diese narzisstische Selbstwertproblematik gut mit dem Bild von Hülle und Kern veranschaulichen. Dabei ist das geringere Selbstwertgefühl des narzisstischen Menschen der vulnerable Kern (▸Abb. 5). Dieses vulnerable Selbst mit den Gefühlen von Scham, Minderwertigkeit, Angst und Hilflosigkeit versuchen die Betroffenen durch ihre narzisstische Hülle bzw. Fassade, ihr grandioses Selbst, zu verdecken. Beispiele für typische Bausteine einer solchen narzisstischen Fassade sind u. a. beruflicher Erfolg, Geld, Macht, soziale Stellung und materielle Werte. Aus welchen Bausteinen die Fassade aufgebaut ist, hängt davon ab, was die Betroffenen für ihr Selbstwertgefühl als wichtig und erstrebenswert ansehen. Wie auch immer die narzisstische Fassade beschaffen sein mag, sie dient dazu, den vulnerablen Selbstwertkern vor den Augen der Mitmenschen zu verbergen. Solange die Fassade intakt ist, die Betroffenen auf genügend Dinge zurückgreifen können, für welche sie Beachtung, Anerkennung und Bewunderung bekommen, ist ihr Selbstwertgefühl sehr hoch.

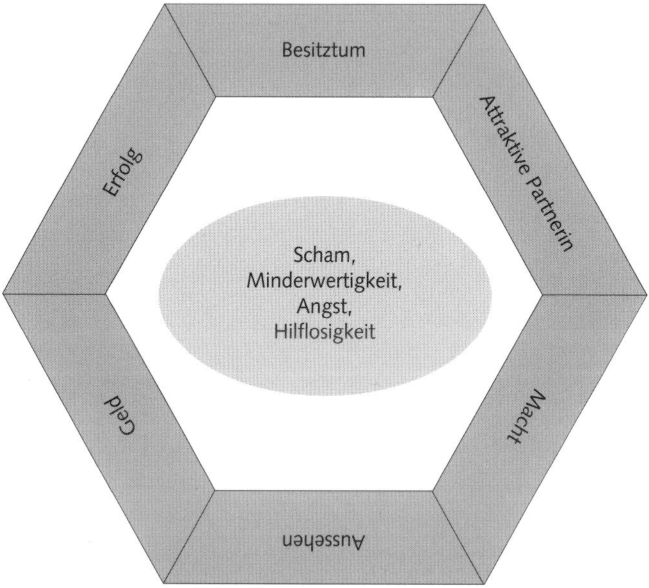

Abb. 5 Die narzisstische Fassade

Kommt es aber zu einem Misserfolg, einer Trennung, einer Kritik oder Ähnlichem, droht die grandiose narzisstische Fassade zu zerbrechen und der vulnerable Selbstwertkern wächst drastisch an. Auf einmal spüren die narzisstischen Menschen ihre bislang unterdrückten Gefühle von Scham, Minderwertigkeit, Angst und Hilflosigkeit, mit denen sie massiv überfordert sind (▸Abb. 6). Dann geraten sie wesentlich schneller in eine Selbstwertkrise als Menschen, die kein vulnerables Selbst haben. Man spricht daher auch von einem *zerbrechlichen Selbstwert*.

Abb. 6 Zusammenbruch der narzisstischen Fassade

> **Beispiel**
> Therapeut: »*Wie wollen Sie eigentlich von anderen Menschen gesehen werden?*«
> Pascal: »*Interessant, intelligent, erfolgreich und überlegen!*«
> Therapeut: »*Und wenn das aus irgendeinem Grund nicht funktioniert? Sie vielleicht sogar kritisiert werden?*«
> Pascal: »*Dann fühle ich mich auf einmal ganz klein und spüre dies Gefühl von Minderwertigkeit und Scham. Und dann ziehe ich mich so schnell wie möglich zurück, verkrieche mich zuhause und versuche dieser Person nicht mehr zu begegnen!*«

Menschen mit einem großen stabilen Selbstwert hingegen brauchen keine ausgeprägte narzisstische Hülle, um sich gut zu fühlen (natürlich können und wollen auch sie auf ein bestimmtes Maß an positiver Beachtung nicht verzichten!). Sie können Ihren Selbstwert nämlich aus sehr verschiedenen Quellen schöpfen. Neben der Quelle der Anerkennung und Bewunderung durch andere Menschen sind dies im Wesentlichen:

- positive Beziehungserfahrungen in der Kindheit und Jugend, welche ihnen ein Urvertrauen in sich selbst gegeben haben,
- eine stabile Partnerschaft bzw. eine Familie, wo sie sich geschätzt und geliebt fühlen,
- enge Freunde, von welchen sie u.a. gemocht und verstanden werden,
- persönliche Interessen, die ihnen unmittelbar Zufriedenheit geben.

Verfügt man also über mehrere Selbstwertquellen, dann ist der Selbstwert wesentlich stabiler, auch wenn Anerkennung, Erfolg, Geld, Besitztum ins Wanken geraten.

Frage
Vielleicht geben Sie anderen Menschen keinen Einblick in Ihr Inneres, weil Sie Angst davor haben, dass andere Menschen Ihre Schwächen, Ängste und Hilflosigkeit mitbekommen? Vielleicht haben Sie Angst davor abgelehnt zu werden oder nicht mehr respektiert zu werden, wenn andere sehen, welche (menschlichen) Schwächen, Unsicherheit und Selbstzweifel sie haben? Oder der Blick der anderen in Ihr Inneres löst bei Ihnen sogar Schamgefühle und Hilflosigkeit aus, sodass Sie die Nähe zu anderen Menschen meiden?

Beispiel
Klaus berichtet: *»Das hat mich immer mehr in Schwierigkeiten gebracht. Meine Freunde und Kollegen konnten nicht mehr mit meiner überheblichen und arroganten Art umgehen und haben sich von mir zurückgezogen. Aber anders kann ich mich gar nicht verhalten. Denen auf einmal meine Schwächen und Probleme zu zeigen, da hätten die doch nur den Kopf geschüttelt und sich lustig über mich gemacht. Ich war doch immer der, der alles im Griff hatte und den anderen gesagt hat, wo es langgeht. Ich habe keine Ahnung, wie ich mich verhalten soll. Alles, was ich mache, scheint falsch zu sein!«*

Schamgefühle

Das wichtigste Gefühl des vulnerablen Selbst ist das der Scham. Es ist das Gefühl minderwertiger als die anderen zu sein, weshalb man auch von einem Minderwertigkeitsgefühl sprechen kann. Die Scham ist immer mit der Angst verbunden, von anderen Menschen abgelehnt und aus der Gemeinschaft ausgeschlossen zu werden. Diese Angst ist nur allzu verständlich, denn wir Menschen müssen und wollen Gruppen zugehörig sein, kein Mensch kann alleine überleben, geschweige denn alleine ein zufriedenes Leben führen. Im Gegensatz zu anderen unangenehmen Gefühlen ist die Scham deshalb besonders quälend, denn man fühlt sich den anderen Menschen komplett ausgeliefert.

Oft aber erleben narzisstische Menschen ihre Schamgefühle gar nicht bewusst, da diese blitzschnell durch ein intensives Gefühl von Ärger überlagert werden. Werden sie zum Beispiel für einen Fehler kritisiert, dann löst das zwar für einen sehr kurzen Moment Scham bei ihnen aus, doch dann retten sie sich in ein Gefühl von Ärger und attackieren den Kritiker nach dem Motto »Angriff ist die beste Verteidigung«. Viele Menschen, die beim geringsten Anlass gleich an die Decke gehen und die gemeinhin als Choleriker bezeichnet werden, haben im Grunde eine narzisstische Problematik.

Frage
Kennen Sie Schamgefühle? Situationen, in denen Sie am liebsten im Boden versinken würden? Wenn ja, was tun Sie dann?

Die Schamgefühle erklären auch die Angst narzisstischer Menschen vor wirklicher Nähe zu anderen Menschen, insbesondere einer Partnerin. Sie schämen sich nämlich für normale menschliche Gefühle wie Traurigkeit, Angst, Einsamkeit, aber auch Zuneigung und Liebe (siehe hierzu ▸ Unterkapitel »Der Nähe-Distanz-Konflikt narzisstischer Menschen« in ▸ Kapitel 2). Aus ihrem Erleben lassen diese Gefühle sie in den Augen anderer Menschen als schwach und hilflos erscheinen, und sie haben Angst, abgewertet und verlassen zu werden.

Frage
Prüfen Sie doch einmal, wie wohl sie sich fühlen, wenn ein Mensch Ihnen wirklich näherkommt. Und fragen Sie sich einmal, wie Sie es mit Gefühlen halten? Wie angenehm oder unangenehm ist es, Gefühle alleine oder im Kontakt mit anderen Menschen zu empfinden oder gar zu zeigen?

Beispiel
Stefan berichtet: »*Wenn ich mit anderen Menschen zusammen bin, gehe ich grundsätzlich davon aus, dass die mich lächerlich machen wollen! Sobald ich nur eine kleine Schwäche zu erkennen gebe, mich irgendwie ungeschickt verhalte, werden die anderen sich über mich lustig machen. Alleine die Vorstellung davon löst bei mir extreme Schamgefühle aus. Deswegen kann ich mich nie so geben, wie ich eigentlich bin.*«

Unzufriedenheit, innere Leere und Sinnlosigkeit

Häufig erleben narzisstische Menschen hinter ihrer strahlenden Maske eine tiefe Unzufriedenheit, eine innere Leere und ein Gefühl der Sinnlosigkeit. Trotz aller erreichten Ziele und der Bewunderung durch andere Menschen sind sie im wahrsten Sinne des Wortes nicht zufrieden. Natürlich erleben sie häufiger ein Gefühl von Stolz und Freude, wenn ihnen etwas Besonderes gelungen ist, sie erfolgreich waren, viel Aufmerksamkeit und Bewunderung erfahren haben. Aber dieses kurzfristige Gefühl hat nichts mit einer länger anhaltenden Zufriedenheit zu tun. Kommt nicht sofort die nächste Gelegenheit sich vor den anderen zu beweisen, tritt ein Gefühl der inneren Leere auf, welches häufig auch als quälende Langeweile und Sinnlosigkeit beschrieben wird. Diese Gefühle stellen sich auch verlässlich ein, wenn sie ein materielles Ziel erreicht haben, von dem sie sich große Zufriedenheit versprochen hatten. Aber kaum haben sie dieses materielle Ziel erreicht, ist die Freude und der Stolz schon wieder verflogen und die innere Leere und Unzufriedenheit wieder quälend spürbar.

Beispiel

Reneé hat jahrelang auf seinen ersten Porsche gespart. *»Doch dann«*, erzählt er, *»habe ich eigentlich nach kurzer Zeit die Begeisterung für das Auto verloren. Ich hatte es ja nun, aber wirklich glücklich hat es mich auch nicht gemacht. Im Gegenteil, ich habe ziemlich schnell angefangen, von einem Ferrari zu träumen. Es ist wie beim Esel und der Mohrrübe. Ich erreiche eigentlich nie das, was ich eigentlich will, nämlich einfach mal zufrieden sein. Ich muss immer wieder etwas Neues erreichen, sonst fühle ich diese Sinnlosigkeit und Langeweile.«*

Besonders auffällig werden diese innere Leere und Unzufriedenheit, wenn narzisstische Menschen einmal längere Zeit nichts zu tun haben und alleine sind, so zum Beispiel an einem freien Wochenende. Während die meisten Menschen sich hierüber freuen und die Zeit zur Erholung, für ihre Interessen oder für Treffen mit Freunden nutzen, erfasst sie eine innere Unruhe und Rastlosigkeit. Sie wissen nämlich, was ihnen droht, wenn sie sich nicht sofort in die nächste Aktivität stürzen: ein Gefühl der inneren Leere und Sinnlosigkeit. Sie sind im wahrsten Sinne des Wortes nicht zufrieden, denn innerer Frieden bedeutet ja, nichts mehr zu wollen, als das, was man in dem Augenblick hat.

Um diese Unruhe und Rastlosigkeit zu verstehen, muss man sich vergegenwärtigen, aus welchen Dingen narzisstische Menschen ihre Befriedigung ziehen. Es handelt sich nämlich zumeist um Aktivitäten, durch welche sie Beachtung und Bewunderung erhalten oder von denen sie sich einen Vorteil versprechen. So halten sie beispielsweise Freundschaften nur dann aufrecht, wenn sie sich vom Kontakt zu der betroffenen Person einen bestimmten (zum Beispiel gesellschaftlichen) Vorteil erhoffen. Verhaltensweisen und Erlebnisse, die nicht in irgendeiner Weise der Verbesserung des Selbstwerterlebens dienen, werden von narzisstischen Menschen oftmals vernachlässigt:

- *»Was nutzt es mir, wenn ich XY anrufe, um ihm zum Geburtstag zu gratulieren?«*
- *»Mit welchen Meinungen, Ansichten und Ideen komme ich in dieser Gesellschaft am besten an?«*
- *»Ich sehe keinen Sinn darin, aus Spaß ein bisschen auf dem Klavier klimpern zu können. Wenn ich keine Perfektion erreichen kann, dann fange ich erst gar nicht damit an.«*
- *»Zu der Party gehe ich nicht, da sind keine wichtigen Leute.«*
- *»Was habe ich davon, wenn ich einen schönen Urlaub habe, in dem aber nichts Besonderes passiert ist, was ich danach meinen Freunden erzählen könnte?«*

Die Motivation für ihre Handlungen ergibt sich demnach aus der Beachtung durch andere Menschen und ihrem persönlichen Vorteil. Man spricht hier von einer *äußeren Motivation*, weil sie nicht aus einem inneren Interesse an der Tätigkeit selbst entspringt, sondern vielmehr aus dem Effekt auf andere Menschen zu erklären ist. Aufgrund dieser äußeren Motivation sind überwiegend Aktivitäten interessant, die

- zu Ergebnissen bzw. Erfolgen führen,
- bei denen andere Menschen bewundernd zuschauen,
- die darauf abzielen, im Leistungsvergleich mit anderen Menschen besser abzuschneiden.

Dabei vernachlässigen narzisstische Menschen aber persönliche Interessen, die sie unabhängig von der Reaktion anderer Menschen verfolgen können. Man spricht hier von einer *inneren Motivation*. Hierunter versteht man

- Aktivitäten, die ihren Anreiz in erster Linie daraus beziehen, dass sie Spaß bringen,
- Aktivitäten, bei welchen man etwas für sich tut und nicht für andere,
- Aktivitäten, die man für wichtig und sinnvoll hält, unabhängig davon, ob man dafür von anderen Menschen Zuspruch bzw. Anerkennung erhält,
- Aktivitäten, bei denen es in erster Linie nicht um Erfolg und Anerkennung geht.

Bei der inneren Motivation kommt der Anreiz für Aktivitäten also aus einem selbst heraus und nicht von außen. Man folgt beispielsweise einem Interesse bzw. einem Hobby, weil es unmittelbar Spaß bringt und nicht, weil man damit andere Menschen beeindrucken will.

Info
Normalerweise ist es die Mischung aus inneren und äußeren Motiven, die den Reiz unserer alltäglichen Beschäftigungen ausmachen. Wenn Sie abends in einem Sachbuch lesen, steht wohl eher Ihre innere Motivation im Mittelpunkt, auch wenn Sie mit dem

hierdurch angeeigneten Wissen bei Ihren Freunden Aufmerksamkeit erregen können (äußere Motivation). Wenn Sie aber bei der Arbeit eine Aufgabe besonders gut machen, steht eher Ihre äußere Motivation im Mittelpunkt (Sie wissen, dass Ihr Vorgesetzter sehr positiv reagieren wird), obgleich Ihnen die Arbeit hoffentlich auch Spaß bringt (innere Motivation).

Die Motivation für Handlungen ist bei narzisstischen Menschen zumeist von außen bestimmt, sodass es ihnen weniger um Spaß und Freude an einer Sache, als um Erfolg und Anerkennung geht. Deshalb sind sie in ihren Aktivitäten wie fremdgesteuert. Das erklärt auch, warum sie häufig ihre Interessen, Standpunkte bis hin zu politischen Meinungen rasch und mit einer gewissen Beliebigkeit ändern. Es geht ihnen eben nicht um den eigentlichen Inhalt, sondern nur um die Wirkung, die sie hierdurch bei anderen Menschen erzielen. Aber ohne eigene Interessen, Hobbys, Neigungen haben narzisstische Menschen keine Möglichkeit, ihre Freizeit erfüllend zu gestalten, sie können einfach nichts so richtig genießen und schnell kommt bei Ihnen eine quälende Langeweile auf.

Beispiel

Felix ist unter seinen Freunden als heißer Diskutierer bekannt. Worum es auch immer geht, seine Meinungen sind extrem und er vertritt diese mit Leidenschaft und Nachdruck. Doch in der Therapie bekennt er: *»Eigentlich habe ich wenig Ahnung von den Themen und beschäftige mich auch nicht damit. Mir bringt es einfach Spaß, die Leute aufzumischen und zu merken, wie die auf mich reagieren. Aber immer häufiger frage ich mich nach solchen Diskussionen, was für eine Meinung ich zu dem Thema eigentlich habe, und dann merke ich, wie hohl ich letzten Endes bin.«*

> **Frage**
> Haben Sie ein Hobby bzw. Interesse, welches Ihnen einfach Spaß bringt und dem Sie folgen, ohne dass Ihnen die Meinung anderer Menschen hierzu wichtig ist?

Um diese tiefe Unzufriedenheit nicht spüren zu müssen, lenken sich die Betroffenen in solchen Momenten zumeist schnell ab. Hierzu dienen Aktivitäten wie beispielsweise Fernsehen, Computer spielen, im Internet surfen, Shoppen gehen, Freunde aufsuchen, Sex, Alkohol- oder Drogenkonsum (die Liste ließe sich beliebig fortsetzen). Sie verbringen oft viele Stunden ihrer freien Zeit mit solchen Ablenkungen, ohne ihre Freizeit wirklich erfüllend gestalten zu können.

Häufig hört man von narzisstischen Menschen in der Therapie die Aussage: *»Ich weiß gar nicht, wer ich bin!«* Dieses Erleben der fehlenden Identität ist mit dem Wissen um die geringe innere Motivation narzisstischer Menschen sehr gut nachvollziehbar. Macht man all seine Interessen und sein Handeln von der Bewunderung anderer Menschen abhängig, dann ist man wie ein Schauspieler, der nur solange auflebt, wie er auf der Bühne stehen kann. Aber keine seiner Rollen, die er auf der Bühne spielt, kommt einem echten Selbst gleich. Wenn man sein Leben mehr oder minder auf der narzisstischen Bühne verbringt und abseits dessen kein erfülltes Privatleben hat, dann fehlt einem ein großer Teil einer eigenen Persönlichkeit. Tritt man aus dem Rampenlicht der Bühne, dann weiß man wenig mit sich anzufangen.

Deswegen lautet ein Satz, den man als Psychotherapeut in diesem Zusammenhang häufig von narzisstischen Patienten hört: *»Das Leben ist sinnlos!«* Doch was macht ein sinnvolles Leben aus? Wenn man gesunde Menschen hiernach befragt, bekommt man meistens folgende Antworten:

- Familie
- Freunde
- Hobbys
- Beruf
- Religion

Und fragt man hier genauer nach, dann hört man immer wieder: »*Weil es mich einfach zufrieden macht, weil es mir einfach gefällt, weil es mich interessiert.*« Hingegen hört man eher selten: »*Weil ich dadurch die Aufmerksamkeit und den Applaus anderer Menschen bekomme.*« Natürlich wollen wir alle beachtet werden und manchmal auch Lob und vielleicht sogar Bewunderung bekommen. Aber diese äußere Motivation macht nur einen begrenzten Teil unserer Motivation aus. Mischt sich diese nicht mit einer gehörigen Portion innerer Motivation, dann bleibt man letztlich unzufrieden, da man keine eigene Identität aufbauen kann.

6 Der verdeckte Narzissmus

Wenn die grandiose Seite des Narzissmus im Vordergrund steht, spricht man auch von einem *offenen Narzissmus*, denn hier ist das großspurige, arrogante und dominante Verhalten für die Umwelt unübersehbar. Auch auf die Gefahr hin, Sie an dieser Stelle etwas zu verwirren, geht es in diesem Kapitel jedoch um eine ganz andere Form von Narzissmus: Den sogenannten *verdeckten Narzissmus*. Hierbei handelt es sich um narzisstische Menschen, die auf den ersten Blick oberflächlich angepasst, zurückhaltend, manchmal sogar etwas selbstunsicher wirken. Und dennoch weisen sie narzisstische Eigenschaften auf. Wie kann das aber sein? Ein Narzissmus ohne sichtbare narzisstische Eigenschaften? Gewissermaßen ja, denn Menschen mit einem verdeckten Narzissmus wirken zwar nach außen auf den ersten Blick eher unauffällig, haben aber, für die Blicke der anderen verborgen, die gleichen Größenideen, die gleiche Anspruchshaltung und eine ebenso geringe Empathie wie die grandiosen Narzissten.

Wie ist das zu erklären? Warum verstecken Menschen mit einem verdeckten Narzissmus ihre narzisstischen Eigenschaften? Die Erklärung ist, dass ihre vulnerable Seite sehr stark ausgeprägt ist, sie also mehr als grandiose narzisstische Menschen an einem geringen Selbstwert mit Gefühlen wie Scham, Hilflosigkeit, Angst leiden. Und das ist der Grund, weshalb sie sich nicht trauen, sich offen so narzisstisch zu verhalten, wie sie es eigentlich gerne tun würden. Ihre Angst, für ein zu selbstbewusstes, arrogantes und dominantes Verhalten kritisiert oder abgelehnt zu werden, ist viel größer als bei den grandiosen narzisstischen Menschen. Und Kritik oder Ablehnung löst bei ihnen sofort eben diese Gefühle – Scham, Hilflosigkeit und Angst – aus. Häufig hat man sogar den Eindruck, dass es sich um selbstunsichere Menschen handelt oder Menschen mit einer leichten Depression. Doch hinter dieser Fassade lebt ein anderer Mensch, und wenn man diesem zu nahekommt, insbesondere in Partnerschaften, wandelt sich das Bild. Dann erlebt man auf einmal einen Menschen, der sehr selbstbezogen ist, sich ständig von den anderen verkannt und schlecht behandelt fühlt, eine hohe Anspruchshaltung zeigt, häufig gekränkt reagiert, sich für besser und wertvoller hält, und wenig Empathie und Verständnis für andere Menschen hat.

Beispiel

Janick kommt mit depressiven Beschwerden zur Therapie. Sein Studium der Betriebswirtschaft hat er vor einigen Jahren wegen Prüfungsängsten abgebrochen. Seitdem lebt er zurückgezogen und einsam in seiner Wohnung. Mit der Zeit wurde er immer depressiver und sucht jetzt Hilfe. Auf die Therapeutin macht Janick zunächst einen eher unsicheren und beinahe unterwürfigen Eindruck. Er berichtet von seiner Einsamkeit, seinen Selbstzweifeln und Gefühlen von Hoffnungslosigkeit und seiner Dankbarkeit, endlich eine so einfühlsame und kompetente Therapeutin gefunden zu haben. Aber mit zunehmender Dauer der Therapie fängt er an, über andere Menschen in einem sehr abwertenden Ton zu sprechen (u. a. »*Meine letzte Freundin war einfach etwas zu naiv in ihrer Art und hatte Schwierigkeiten, mir intellektuell zu folgen*«) und schiebt die Schuld an seinem Scheitern im Studium auf die angeblich unfähigen Professoren. Als seine Therapeutin ihn nach seinen eigenen Anteilen an seinen Problemen befragt, reagiert er eher aggressiv. Er habe sich von ihr mehr versprochen, aber ihr therapeutisches Angebot sei für ihn doch nicht anspruchsvoll genug. Er sei nun mal nicht so ein durchschnittlicher Patient, für welchen eine mittelmäßige Therapie ausreichend sei. Und er habe nicht den Eindruck, dass seine Therapeutin dies begreifen, geschweige denn hiermit angemessen umgehen könne. Seine Kritik geht so weit, dass er ihre Qualifikation in Frage stellt und schließlich die Therapie abbricht, um sich nach seinen Worten eine besser qualifizierte Therapeutin zu suchen.

Menschen mit einem verdeckten Narzissmus sind nur oberflächlich angepasst und zurückhaltend. Ein falsches Wort, ein falscher Blick, und schon fühlen sie sich gekränkt und ziehen sich zurück oder reagieren beleidigt und aggressiv. Diese leichte Kränkbarkeit macht das Zusammenleben und den Umgang mit ihnen so schwierig, denn leider können sie die Zuneigung, Zuwendung und Anerkennung durch andere Menschen nicht richtig annehmen. Beständig wittern sie die Gefahr, abgelehnt oder kritisiert zu werden. Dabei provozieren sie genau das Verhalten bei anderen Menschen, vor dem sie sich insgeheim fürchten. Sie reagieren nämlich auf kleinste Irritationen so abweisend, dass die Menschen in ihrem Umfeld sich schließlich von ihnen zurückziehen oder den Kontakt sogar ganz abbrechen. Sie selbst fühlen sich dann wiederum in ihrer Annahme bestätigt, nicht wertgeschätzt zu werden und von egoistischen Menschen umgeben zu sein.

7 Beziehungen gestalten: Wie geht es der Frau an Ihrer Seite?

Vielleicht haben Sie aufgrund von Problemen in Ihrer Partnerschaft den Entschluss gefasst haben, dieses Buch zu lesen, oder Sie sehen sich dem Vorwurf Ihrer Partnerin ausgesetzt, ein Narzisst zu sein. Oder aber Sie machen gerade eine Paartherapie, in der das Thema Narzissmus aufgekommen ist. Neben beruflichen Krisen sind Probleme in der Partnerschaft sicherlich der häufigste Grund sich mit diesem Thema zu beschäftigen. Unserer Erfahrung nach ist das häufigste Anliegen narzisstischer Menschen in der Psychotherapie die Frage, wie sie ihre privaten und beruflichen Beziehungen besser und stabiler gestalten können. Sollten also auch Sie dieses Ziel haben, dann wollen wir an dieser Stelle ausführlicher über Ihre Wirkung auf Ihre Partnerinnen oder Partner, Freunde und Kollegen sprechen. Nur mit diesem Wissen können Sie verstehen, was Sie an Ihren Einstellungen und Verhaltensweisen verändern müssen, um Ihre Beziehungen zu anderen Menschen zu verbessern.

Doch bevor wir uns damit beschäftigen, lassen Sie uns mit den positiven Seiten narzisstischer Menschen in Partnerschaften beginnen.

Warum narzisstische Partner (anfänglich) attraktiv sein können

Menschen mit narzisstischen Persönlichkeitseigenschaften können durchaus attraktive und interessante Partner sein. Eben weil sie auffallen und besonders sein wollen, können sie originell, ideenreich und kreativ sein und sorgen beständig für Abwechslung, besondere Erlebnisse, Überraschungen. Und wenn ihre narzisstischen Eigenschaften nicht zu ausgeprägt sind und ihre Empathiefähigkeit erhalten ist, können sie auch über lange Zeit diese Ausstrahlung und Wirkung auf andere Menschen ausüben.

Beispiel

Thomas' Partnerin Steffi wünscht sich zu ihrem 40. Geburtstag eine Party unter Freunden. Und das lässt Thomas sich nicht zweimal sagen: »*Lass mal, ich mach das schon!*«, sagt er zu Steffi und dann legt er los. Als erstes bucht er eine Location im Szene-Viertel und bestellt gleich eine Deko im Stil der 70er Jahre mit. Essen und Getränke bestellt er bei dem neuen Asian Health Food Caterer, der gerade in ist. Durch seine persönlichen Kontakte kommt er an einen bekannten DJ, den er für die Feier engagiert. Heimlich gibt er an die Gäste als Motto der Feier »Das Leben ist Bunt« aus, sodass alle zur Überraschung von Steffi im schrillsten Outfit ankommen. Und um den Abend perfekt zu machen, hat er noch eine Tänzerin engagiert, die die Partygäste zu fortgeschrittener Stunde auf dem Dancefloor anheizen soll.

Später, als sie wegen ihrer partnerschaftlichen Probleme bei einer Paartherapeutin sitzen, sagt Steffi im Rückblick auf den Beginn ihrer Beziehung: »*Thomas ist schon ein ungewöhnlicher Typ, der auffällt. Und mit ihm ist mir nie langweilig gewesen. Immer hat er eine neue Idee, kennt die ausgefallensten Läden, macht mir wirklich tolle Überraschungen. Das hat mich am Anfang sehr gereizt, er war einfach anders als die anderen.*«

Aber bei stärkerer Ausprägung der narzisstischen Eigenschaften und bei einer eingeschränkten Empathie lässt diese positive und attraktive Wirkung mit zunehmender Dauer der Beziehung nach. Dann treten nämlich Stück für Stück die Nachteile der narzisstischen Eigenschaften zutage, von denen wir im Folgenden berichten wollen.

Typische Beziehungsprobleme mit narzisstischen Partnern

Soweit der kurze Einblick in die positiven Aspekte der Beziehung mit einem narzisstischen Partner. Doch je länger die Partnerschaft mit einem narzisstischen Menschen andauert, desto wahrscheinlicher wird der anfänglich positive Eindruck verblassen und sich häufig sogar ins Gegenteil verkehren. Was erlebt dann eine Partnerin mit diesem anfänglich faszinierenden Menschen, wenn sie ihm wirklich näherkommt und ihren Alltag mit ihm teilt? Am besten hören wir erst einmal einige Zitate:

»Er kann nie einer Meinung mit mir sein. Immer hat er noch eine interessantere und wichtigere Ansicht oder widerspricht mir.«

»Wenn ich traurig bin, tröstet er mich nicht, sondern gibt nur Ratschläge, die gar nicht für mich passen.«

»Manchmal ist er mir und anderen Menschen gegenüber wirklich taktlos. Ich frage mich dann, ob er gar nicht mitbekommt, wie verletzend er sein kann.«

»Er kann nicht richtig zärtlich sein. Wenn ich mit ihm kuscheln möchte, wird er nervös. Er stößt mich dann weg und macht sich über meine Anhänglichkeit lustig.«

»Es geht immer nur um ihn. Ständig spricht er über seine Ideen, seine Erfolge, seine Ansichten. Eigentlich fragt er mich nie, was ich denke, was ich erlebt habe.«

»Er muss immer das letzte Wort haben!«

»In Gesellschaft spielt er sich immer in den Vordergrund und redet von sich selbst und seinen Leistungen und Erfolgen.«

»Er will immer bestimmen, was gemacht wird. Habe ich mich einmal mit einer Freizeitplanung oder einem Reiseziel durchgesetzt, dann ist er die ganze Zeit schlecht gelaunt und macht mir alles madig.«

»Wenn ich ihm mal widerspreche oder ihn gar kritisiere, dann reagiert er gekränkt oder aggressiv.«

»Er kann keinen noch so kleinen Fehler zugeben. Am Ende hat immer er Recht und jegliche Diskussion artet zu einem Machtkampf aus, wenn ich mal dagegenhalte.«

»Er gibt mir ständig das Gefühl, nicht intelligent oder attraktiv genug für ihn zu sein.«

»Häufig stellt er mich vor anderen bloß!«

»Er interessiert sich nur solange für andere Menschen, wie er etwas von diesen will oder er diese für irgendein Ziel braucht.«

»Manchmal denke ich, dass er mich gar nicht liebt. Ich scheine eher eine Art Vorzeigeobjekt für ihn zu sein.«

»Manchmal habe ich das Gefühl, meinen Freund gar nicht richtig zu kennen. Bei vielem was er über seine Erfolge erzählt, stellt sich später heraus, dass er maßlos übertrieben hat.«

»Oft flirtet er mit anderen Frauen, auch wenn ich dabei bin. Mich behandelt er dann wie Luft.«

»Obwohl er beteuert hat, nie mehr fremdzugehen, betrügt er mich immer wieder mit anderen Frauen.«

Im nächsten Abschnitt möchten wir die typischen Schwierigkeiten näher beleuchten, die insbesondere Frauen im Zusammenleben mit einem narzisstischen Partner haben.

> **Info**
> Die im Folgenden genannten Probleme treten sicherlich in vielen, ansonsten guten und stabilen Partnerschaften in milder Ausprägung auf und sind kein sicheres Zeichen für problematische narzisstische Eigenschaften einer der beiden Partner.

Er muss immer im Mittelpunkt stehen!

Als Partnerin von narzisstischen Menschen führt man im wahrsten Sinne des Wortes ein Schattendasein, denn diese beanspruchen die ganze Aufmerksamkeit für sich und ihre Bedürfnisse stehen an erster Stelle. Wie es ihren Partnerinnen geht, was diese bewegt und diese gerade erlebt haben, das alles scheint für sie zweitrangig zu sein. So führen sie zum Beispiel bei Treffen mit Freunden das Gespräch, reden die ganze Zeit von sich, ihren Erfolgen, ihren Plänen und Ansichten. Wenn ihre Partnerin mal zu Wort kommt, dann dauert es keine Minute und schon ergreifen sie wieder das Wort. Dabei sind sie besonders geschickt darin, Unterhaltungen so zu lenken, dass das Gespräch schnell wieder auf Themen kommt, mit denen sie sich produzieren können.

Beispiel
Denis bestreitet beim privaten Treffen mit einigen Arbeitskollegen fast alleine die ganze Unterhaltung, währen Sylvia schweigend an seiner Seite sitzt. Als einer der anderen Gäste Sylvia danach fragt, was sie beruflich macht, fängt Denis, bevor Sylvia etwas sagen kann, zu erzählen an: *»Sylvia arbeitet als Cutterin beim Film. Unter anderem hat sie den letzten Tatort aus Hamburg geschnitten. Ich bin ja nicht so ein Fan von Tatort, der ist mir nicht spannend genug. Außer vielleicht der Tatort aus Berlin. Die neue Serie auf Netflix über die Mafia hingegen ist richtig genial. Habt Ihr die schon einmal gesehen?«*

Der folgende Witz kann diesen Drang, im Mittelpunkt zu stehen, gut illustrieren: *»Jetzt haben wir die ganze Zeit nur über mich geredet. Reden wir doch einmal über Dich: Wie findest Du mich eigentlich?«*

Somit nimmt es kein Wunder, wenn viele Partnerinnen narzisstischer Menschen sich darüber beklagen, dass sie sich in ihrer Beziehung wie schmückendes Beiwerk fühlen.

Es muss immer so laufen, wie er es will!

Narzisstische Menschen sind bestenfalls sogenannte Macher, leider aber häufig auch nur unnachgiebige Bestimmer, die es bestens verstehen, ihren Willen durchzusetzen. Sie haben eine ganz genaue Idee, wie ein Zusammenleben auszusehen hat, und dulden dabei wenig Widerspruch. Eine Idee oder einen Vorschlag ihrer Partnerin anzunehmen, sich auch mal ihren Bedürfnissen anzupassen, kollidiert allzu häufig mit ihrem Drang, ihren eigenen Willen durchzusetzen. Das kann so weit gehen, dass sie alles im Leben ihrer Partnerin zu bestimmen versuchen: Freizeitplanung, Kleidungsstil, Auswahl des Freundeskreises, Verhalten im Zusammensein mit anderen Menschen, bis hin zur Berufswahl. Viele Partnerinnen fühlen sich deswegen nicht nur vernachlässigt, sondern auch fremdbestimmt. Sich aber gegenüber ihrem Partner durchzusetzen, trauen sich viele nicht, denn sie wissen, was sie bei einem Widerspruch erwartet: Nichtbeachtung, Missbilligung, Ablehnung, bis hin zu Ärger, Wut und Aggression.

Beispiel

»Eigentlich zählt für meinen Partner nur seine Art, die Welt zu sehen. In seiner Nähe komme ich kaum zum Atmen, da nur seine Bedürfnisse und seine Sicht der Dinge zählen. Ich kann kaum eine Entscheidung alleine treffen, weil er immer der Meinung ist, besser zu wissen, was gut für mich ist und was ich tun sollte. Eigentlich hat er all unsere Freunde durch seine Art vertrieben, denn keiner kommt mit seiner besserwisserischen und herrschsüchtigen Art zurecht. In Anwesenheit anderer Menschen traue ich mich kaum noch, mich zu Wort zu melden, da er mich sofort zurechtweist und meine Ansichten und Meinungen widerlegt. Selbst wenn mir mein Arzt ein Medikament verschreibt, liest er sich den Beipackzettel durch und erzählt mir dann, wie gefährlich dieses Medikament sei und verbietet mir, es einzunehmen.«

Er muss immer der Bessere sein!

Narzisstische Menschen können es schwer ertragen, wenn andere Menschen etwas besser können und mehr Erfolg als sie selbst haben. Aus diesem Grund schenken sie besonderen Eigenschaften, Fähigkeiten oder Erfolgen ihrer Partnerin wenig Beachtung oder reagieren hierauf mit Neid. Wenn ihre Partnerin in ihren Augen offensichtlich zu stark, schlau, interessant ist, dann folgen sie oftmals der Strategie: »*Wenn ich nicht besser als meine Partnerin bin, dann muss sie eben schlechter sein als ich!*« Sie werten sich selbst also dadurch auf, dass sie ihre Partnerin abwerten und sie ihre angebliche Unterlegenheit spüren lassen. Auch die Besserwisserei narzisstischer Menschen ist nur zu bekannt und sie ist dann besonders schwer zu ertragen, wenn sie mit Arroganz und Abwertung gepaart ist.

> **Beispiel**
> *»An seiner Seite fühle ich mich die meiste Zeit dumm und unfähig. Was immer ich auch sage und tue, er wird es besser wissen, mich korrigieren oder mir zeigen, wie ich es besser machen kann. Und wenn es zu Themen kommt, wo ich mich einfach besser auskenne als er, dann blendet er das einfach aus oder wechselt das Thema.«*

Wenn sie sich allerdings vor anderen Menschen im Licht der Leistungen oder Besonderheiten ihrer Partnerin sonnen können, dann lassen sie ihr vorübergehend die eigentlich von ihnen beanspruchte Bühne der Aufmerksamkeit (nach dem Motto: *»Schaut mal, was ICH für eine tolle Frau habe!«)*. Häufig allerdings beschränkt sich dies auf die Attraktivität ihrer Partnerin und betrifft weniger ihre intellektuellen Fähigkeiten oder ihren beruflichen Erfolg.

Er ist kritikunfähig!

Eine gut funktionierende Partnerschaft setzt die Möglichkeit voraus, Kritik am Partner äußern zu dürfen, um Probleme und Konflikte gemeinsam zu lösen. Narzisstische Menschen zeigen jedoch wenig Bereitschaft, Kritik anzunehmen, weil sie sofort einen persönlichen Angriff wittern. Deswegen reagieren sie schnell gekränkt, beleidigt oder verärgert, fangen an sich zu rechtfertigen oder gehen sogar zum Gegenangriff über. Dabei bedarf es noch nicht einmal einer substantiellen Kritik, um sie zu kränken. Bereits ein gut gemeinter Ratschlag oder auch nur eine andere Meinung bei einer Diskussion kann bei ihnen heftige Reaktionen auslösen. Oftmals sprechen ihre Partnerinnen Probleme schließlich gar nicht mehr an, da dies nur Ärger bedeutet und sowieso zu keinerlei Veränderung führt. Auf diese Weise können Konflikte in der Beziehung nicht gelöst werden, was zu zunehmender Unzufriedenheit und langfristig zu Streitigkeiten führt.

> **Beispiel**
> *»Mein Freund reagiert sehr empfindlich auf jede Art von Kritik. Dabei fasst er sogar Äußerungen als Kritik auf, die ich gar nicht so gemeint habe. Als wir neulich eingeladen waren, schlug ich ihm vor, seinen neuen Pullover anzuziehen. Daraufhin fuhr er mich an, dass es nicht meine Aufgabe sei, über seine Kleidung zu entscheiden. Eigentlich muss ich immer nur ›Ja und Amen‹ sagen und ihn toll finden. Solange ich das tue, ist alles in Ordnung.«*

Ich darf ihm nicht zu nahekommen!

Narzisstische Menschen sprechen nicht gerne über ihre Gefühle und meiden folglich die echte Nähe zu anderen Menschen. Ihre größte Befürchtung ist es, als schwach und verletzbar wahrgenommen und behandelt zu werden. Auf der anderen Seite haben sie nie gelernt, mit den Gefühlen und Bedürfnissen anderer Menschen umzugehen, wenn diese ihnen nahekommen. Die Hilflosigkeit, die sich dann einstellt, verbergen sie hinter einer coolen und distanzierten Fassade. Für eine Partnerin ist das sehr quälend, denn in ihrer Beziehung erlebt sie keine wirkliche Intimität und Geborgenheit, weshalb sie sich mit der Zeit zunehmend einsam fühlen wird.

Beispiel

»Er würde nie mit mir über das sprechen, was in seinem Inneren mit ihm los ist. Frag ich ihn danach, dann hat er entweder eine ausweichende Antwort parat oder macht sich über mich lustig. Seine Angst vor Nähe zeigt sich auch darin, dass er keine Zärtlichkeiten, noch nicht einmal eine Umarmung mag. Das merke ich insbesondere beim Sex. Der dauert nur fünf Minuten und danach verlässt er sofort das Bett und setzt sich an seinen Computer oder checkt Mails in seinem Handy.«

Ich fühle mich ausgenutzt!

Narzisstische Menschen verhalten sich oft sehr berechnend und sogar ausbeuterisch. Sie betrachten ihre Partnerin nicht als gleichwertigen Menschen mit eigenen Bedürfnissen, sondern sehen sie als Objekt zur Erfüllung ihrer egoistischen Bedürfnisse und Ziele. Sie zeigen sich an der Seite einer attraktiven Frau, um sich selbst aufzuwerten (Vorzeigeobjekt), benutzen die gesellschaftliche Stellung ihrer Partnerin zum Erreichen ihrer beruflichen Ziele (Ausbeutungsobjekt) oder sie dient ihnen zur Befriedigung ihrer sexuellen Bedürfnisse (Sexobjekt). Dass aber jeder Mensch als ein Subjekt zu betrachten und zu behandeln ist, und demnach genauso wie sie Gefühle, Bedürfnisse und das Recht auf Beachtung hat, diesem Punkt schenken sie oft wenig Beachtung. Aber nicht nur ihre Partnerin, auch Freunde, Geschäftspartner oder Kollegen betrachten sie oftmals nur als Mittel zum Zweck. Haben sie diesen erfüllt, verlieren sie rasch an Bedeutung und werden fallengelassen bzw. verlassen.

Beispiel
»Für meinen Partner zählt nur sein Beruf, sonst gar nichts. Unsere zwei Kinder und ich sehen ihn eigentlich nur am Wochenende und selbst dann ist seine Arbeit wichtiger als wir. Ich habe dabei ganz klar die Aufgabe, ihm den Rücken frei zu halten. Also Haushalt, Kinder, Alltagserledigungen, das sind meine Aufgaben. Wenn er mit seiner Arbeit erfolgreich ist, kann er zumindest zu den Kindern ganz nett sein. Für mich hat er aber weder Aufmerksamkeit, geschweige denn Liebe übrig. Es ist so, als ob ich für ihn komplett unwichtig bin, und er mich alleinig braucht, damit er fernab von seinem Beruf nicht einsam ist. Nur wenn es irgendein Geschäftsessen mit seinen beruflichen Kollegen gibt, wo die Partnerinnen bzw. Partner mit eingeladen sind, ist meine Anwesenheit gewünscht. Dann aber muss ich mich besonders hübsch machen, damit jeder sieht, was für eine tolle Frau er sich geangelt hat!«

Er ist nicht ehrlich!

Für eine stabile Partnerschaft bedarf es gegenseitigen Vertrauens. Dieses Vertrauen aufzubauen fällt aber schwer, wenn der narzisstische Partner die hierzu notwendige Ehrlichkeit eher als Hindernis zum Erreichen seiner Ziele betrachtet. Für seine Selbstdarstellung greift er zu Übertreibungen und Angebereien, nicht selten aber auch zu erfundenen Geschichten über seine angeblichen Erfolge, seinen phantasierten Reichtum, seine Kontakte zu wichtigen Personen und dergleichen mehr.

Beispiel
»Zu Beginn unserer Beziehung war mein Partner für mich so ein Typ ›Held‹, der mich auf Händen trug. Doch irgendwann fand ich raus, dass viele seiner Erfolgsgeschichten einfach nur gelogen waren. In seiner Firma war er eben nicht der Abteilungsleiter,

sondern nur einfacher Angestellter. Sein großes Auto, seine teure Uhr, seine schicken Anzüge, all das hatte er auf Pump gekauft. Als ich ihm erzählte, dass ich von diesen Lügen weiß, reagierte er extrem verärgert. Er warf mir vor, in seinem Leben herumzuschnüffeln und dass er dieses Verhalten total krank finde. Wenig später beendete er die Beziehung.«

Ein großes Thema in puncto Ehrlichkeit ist auch das Thema der Treue. Affären, Seitensprünge, flüchtige sexuelle Kontakte sind für einige narzisstische Menschen leider ein Weg, sich Bestätigung für ihre Attraktivität zu verschaffen oder der Langeweile zu entgehen, die sie oftmals erleben, wenn sie längere Zeit mit einem Menschen zusammenleben.

Beispiel

»Am Anfang war unsere Beziehung wie ein Rausch. Ich glaubte, in meinem Partner die Erfüllung all meiner Träume gefunden zu haben. Doch nach ungefähr einem Jahr ließ sein Interesse an mir spürbar nach. Und dann habe ich herausbekommen, dass er sich mit einer anderen Frau traf. Und es war offenbar nicht nur eine, sondern über die Zeit hinweg mehrere. Als ich ihn zur Rede stellte, hat er so getan, als ob ich die Verrückte sei und mich der krankhaften Eifersucht bezichtigt. Er würde sich seine Freiheit durch niemanden nehmen lassen und wenn ich wollte, könnte ich ja gehen.«

Frage

Gehen Sie jeden einzelnen dieser Punkte noch einmal in Ruhe durch und überlegen Sie, welche Aussage auch Ihre Partnerin, vielleicht in abgeschwächter Form, so unterstreichen würde. Vor diesem Hintergrund können Sie sich dann die Frage stellen: *»Wie würde es mir an der Stelle meiner Partnerin gehen?«*

8 Bin ich ein Narzisst?

Sie haben sich dieses Buch wahrscheinlich gekauft, um eine Antwort auf die Frage zu bekommen, ob sie ein Narzisst sind. Vielleicht waren Sie enttäuscht, vielleicht aber auch erleichtert, als wir Ihnen gleich zu Beginn dieses Buches dargelegt haben, dass wir die Aussage *»Das ist ein Narzisst!«* sehr kritisch sehen, weil niemand in diesem ausschließlichen, umfassenden Sinn als Narzisst bezeichnet werden sollte. Deshalb haben wir das ganze Buch über von narzisstischen Menschen oder von problematischen narzisstischen Eigenschaften gesprochen. Sie haben in den vorangegangenen Kapiteln erfahren, dass man unter Narzissmus einerseits ein normales und gesundes Streben nach Selbstwert versteht, andererseits aber auch eine übertriebene und problematische Form dieses Strebens, die nur in ihrer Extremausprägung als narzisstische Persönlichkeitsstörung im krankhaften Sinn zu bezeichnen ist.

Wahrscheinlich haben Sie sich beim Lesen des Buches immer wieder mit dem verglichen, was wir Ihnen exemplarisch zu den verschiedenen Formen des Narzissmus beschrieben haben. Einiges wird Ihnen möglicherweise aus ihrem Leben und Erleben bekannt vorgekommen sein, anderes eher nicht. Doch für eine genauere Einschätzung der Ausprägung Ihrer narzisstischen Eigenschaften wollen wir Ihnen in diesem Kapitel Hilfsmittel an die Hand geben, mit denen Sie sich die Frage beantworten können: *»Wie narzisstisch bin ich?«*

Eine wichtige Quelle zur Einschätzung Ihrer Persönlichkeit ist hierbei Ihre *Selbstbeurteilung* mittels eines Fragebogens, den wir zu diesem Zweck zusammengestellt haben und der eine Kombination von Fragen aus drei bekannten

Persönlichkeitstests beinhaltet. An dessen Ergebnis können Sie die Ausprägung Ihrer narzisstischen Eigenschaften ablesen.

Info
Wie auch immer das Ergebnis dieses Fragebogens ausfällt, Sie können daran nicht ablesen, ob Ihre narzisstischen Eigenschaften problematisch sind oder nur Ausdruck eines gesunden Selbstbewusstseins. Dies ist eine Frage, die sich allein daran entscheidet, welches Leiden hieraus für andere Menschen bzw. für Sie selbst entsteht.

Leider ist aber eine Selbstbeurteilung bei der Frage nach den eigenen Persönlichkeitseigenschaften nur bedingt verlässlich, denn wir alle haben Schwierigkeiten, uns mit der notwendigen Distanz und Objektivität zu betrachten. Deswegen kann zusätzlich das Einholen der Meinung einer Ihnen nahestehenden Person sehr hilfreich sein. Auch für diese Art der Beurteilung, der sogenannten *Fremdbeurteilung*, werden wir Ihnen eine kurze Anleitung an die Hand geben.

Vor dem Hintergrund Ihrer Selbstbeurteilung und der Fremdbeurteilung können Sie schließlich versuchen, Ihre narzisstischen Problembereiche einzugrenzen. Und auch hierfür haben wir Ihnen eine Anleitung erstellt.

Der 1-Fragen-Test

Bevor Sie jedoch mit der aufwändigeren Einschätzung durch einen Fragebogen und der Befragung eines anderen Menschen beginnen, wollen wir Ihnen einen schnellen und effektiven Weg zur Selbsteinschätzung der Ausprägung Ihrer narzisstischen Eigenschaften vorstellen, den sogenannten 1-Fragen-Test zum Narzissmus (Konrath et al., 2014).

Bei diesem Test müssen Sie nur eine einzige Frage beantworten:

Wie sehr stimmen Sie der Aussage zu: *»Ich bin ein Narzisst«?*

Ergänzt wird diese Frage mit der Anmerkung, ein Narzisst sei selbstbezogen, geltungsbedürftig und eitel. Ihre Antwort wählen Sie auf einer Skala von 1 (trifft gar nicht auf mich zu) bis 7 (trifft voll auf mich zu) aus:

	1	2	3	4	5	6	7	
Trifft gar nicht auf mich zu								Trifft voll auf mich zu

Dieser Test arbeitet allerdings mit jenem Begriff des »Narzissten«, von dem wir wenig halten. Wenn Sie wollen, dann formulieren Sie die Frage daher folgendermaßen um:

Wie sehr stimmen Sie der Aussage zu: *»Ich habe ausgeprägte narzisstische Eigenschaften«?*

Durch diese einfache Frage können Sie eine erste Einschätzung treffen, wie stark Ihre narzisstischen Eigenschaften ausgeprägt sind. Frauen liegen bei einer Bewertung ab 4, Männer bei einer Bewertung ab 5 oberhalb des Durchschnitts in der Bevölkerung.

Info
Interessanterweise haben narzisstische Menschen offenbar wenig Probleme, dies bei sich selbst zu erkennen und zu benennen. Ob das allerdings Ausdruck einer kritischen Selbstreflexion ist oder ein stolzes Bekenntnis dazu, besser als die anderen zu sein, ist schwer zu entscheiden. Letztere Haltung wird vermutlich eher mit einer geringen Veränderungsbereitschaft einhergehen.

Doch dieser Test hat eine wesentliche Schwäche: Er versteht Narzissmus als eine einheitliche Persönlichkeitseigenschaft und macht demnach keine Unterschiede zwischen den verschiedenen Aspekten, die wir in den vorherigen Kapiteln geschildert haben. Diese werden zwar in den zur Testfrage gegebenen Zusatzinformationen angedeutet (selbstbezogen, geltungsbedürftig und eitel), ohne aber in den Antwortmöglichkeiten berücksichtigt zu werden. Außerdem gibt es weitere Aspekte von Narzissmus, die in diesen Zusatzinformationen nicht hinreichend abgebildet sind. Lassen Sie uns deswegen an dieser Stelle noch einmal die wesentlichen Aspekte von Narzissmus wiederholen:

- Gefühl der eigenen Überlegenheit, Selbstbewunderung, Selbstüberschätzung
- Egozentrisches Verhalten, Drang zur Selbstdarstellung
- überhöhte Anspruchshaltung
- geringe Empathiefähigkeit
- Ausnutzen anderer Menschen, manipulatives Verhalten
- Führungswille, Autorität, Dominanz
- Arroganz und Eitelkeit
- Neid

Wenn Sie sich eingehender mit Ihrer eigenen Persönlichkeit beschäftigen möchten, ist eine solche differenzierte Betrachtung der einzelnen Teilaspekte durchaus von Bedeutung. So können Sie beispielsweise sehr eitel sein, während andere Aspekte jedoch nicht auf Sie zutreffen, etwa dass Sie andere Menschen ausnutzen oder sich selbst überschätzen. Oder Sie haben einen ausgeprägten Führungswillen und eine hohe Anspruchshaltung, überschätzen sich selbst aber nicht und sind ein empathischer Mensch. Wenn Sie sich verändern wollen, dann sollten Sie Ihre Problembereiche gut kennen, damit sie gezielt daran arbeiten können. Nichts anderes würde auch ein Psychotherapeut zu Beginn einer Therapie machen. Aus diesem Grund haben wir Ihnen einen Fragebogen zusammengestellt, der Ihnen eine genauere Selbsteinschätzung ermöglicht.

Fragebogen zur Selbsteinschätzung

Mithilfe dieses Fragebogens können Sie eine Einschätzung der Ausprägung Ihrer narzisstischen Eigenschaften in drei narzisstischen Problembereichen vornehmen (siehe hierzu auch ▸Kapitel 3–5):

Grandiosität. Dieser Bereich betrifft die bekannten narzisstischen Verhaltensweisen, die vor allem im Dienst der Selbstwerterhöhung stehen. Zum Problembereich der Grandiosität gehören Verhaltensweisen wie Selbstidealisierung, Selbstdarstellung, Arroganz, Eitelkeit, Anspruchshaltung sowie Machtanspruch und Autorität. Im Modell von Hülle und Kern wird die grandiose Seite narzisstischer Menschen durch die Hülle bzw. Fassade dargestellt, welche den verletzlichen (vulnerablen) Selbstwertkern abschirmt.

Empathiemangel und fehlender Perspektivwechsel. Empathie bedeutet, sich in die Welt eines anderen Menschen einzufühlen und einzudenken, um dessen Gefühle, Bedürfnisse und Gedanken besser zu verstehen. Dies nennt man auch Perspektivwechsel, denn es geht hierbei darum, die Welt aus der Perspektive des anderen zu sehen und zu verstehen.

Vulnerabilität. Die Vulnerabilität stellt den Gegenpol der Grandiosität dar. Hiermit ist die verletzliche und selbstunsichere Seite gemeint, welche von Gefühlen wie Scham, Hilflosigkeit und Angst geprägt ist. Im Modell von Hülle und Kern wird die vulnerable Seite eines narzisstischen Menschen durch den kleinen und verletzlichen Selbstwertkern dargestellt, der von der grandiosen Hülle nach außen abgeschirmt wird.

Info

Der folgende Fragebogen ist kein wissenschaftliches Instrument zur Erfassung von narzisstischen Persönlichkeitseigenschaften, d. h. er wurde nicht an einer genügend großen Zahl von Personen hinsichtlich seiner Aussagekraft getestet. Vielmehr haben wir uns bei der Erstellung des Fragebogens an drei bekannten Persönlichkeitstests orientiert (Raskin & Hall, 1979; Maes et al., 1995; Hendin & Cheek, 1997).

Zur Einschätzung Ihrer narzisstischen Eigenschaften befolgen Sie die Schritte 1 bis 3. Im letzten Schritt erhalten Sie eine grafische Darstellung Ihres narzisstischen Profils.

Schritt 1: Selbsteinschätzung

Bitte lesen Sie sich die folgenden Sätze (▸ Arbeitsblatt 1) durch und entscheiden Sie jeweils auf der Skala von **1 (trifft gar nicht auf mich zu)** bis **10 (trifft voll auf mich zu)**, wie sehr Sie den einzelnen Aussagen zustimmen können.

Arbeitsblatt 1 Fragebogen zur Selbsteinschätzung

Nr.	Aussage	trifft gar nicht auf mich zu – trifft voll auf mich zu
1	Ich habe eine natürliche Begabung, andere Menschen zu beeinflussen.	1–2–3–4–5–6–7–8–9–10
2	Ich kann die Gefühle anderer nicht leicht nachempfinden.	1–2–3–4–5–6–7–8–9–10
3	Ich kann völlig eingenommen sein von Gedanken über meine persönlichen Angelegenheiten, meine Gesundheit, meine Sorgen oder meine Beziehungen zu anderen Menschen.	1–2–3–4–5–6–7–8–9–10

Nr.	Aussage	trifft gar nicht auf mich zu – trifft voll auf mich zu
4	Meine Gefühle werden leicht verletzt durch Spott oder geringschätzige Bemerkungen anderer.	1–2–3–4–5–6–7–8–9–10
5	Es tut mir nicht weh, wenn andere ungerecht behandelt werden.	1–2–3–4–5–6–7–8–9–10
6	Wenn ich die Möglichkeit habe, gebe ich gerne an.	1–2–3–4–5–6–7–8–9–10
7	Ich würde mir fast alles zutrauen.	1–2–3–4–5–6–7–8–9–10
8	Ich bin nicht einfühlsam.	1–2–3–4–5–6–7–8–9–10
9	Wenn ich einen Raum betrete, werde ich oft selbstunsicher und habe das Gefühl, dass die Augen der anderen auf mich gerichtet sind.	1–2–3–4–5–6–7–8–9–10
10	Die Sorgen und Nöte anderer machen mir nicht zu schaffen.	1–2–3–4–5–6–7–8–9–10
11	Ich übe gerne Autorität gegenüber anderen Menschen aus.	1–2–3–4–5–6–7–8–9–10
12	Ich mag es nicht, die Anerkennung für einen Erfolg mit anderen zu teilen.	1–2–3–4–5–6–7–8–9–10
13	Ich wünsche mir, dass eines Tages jemand meine Biografie schreibt.	1–2–3–4–5–6–7–8–9–10

Nr.	Aussage	trifft gar nicht auf mich zu — trifft voll auf mich zu
14	Ich denke, dass ich genug mit mir zu tun habe, um mich auch noch um die Probleme anderer Leute sorgen zu können.	1–2–3–4–5–6–7–8–9–10
15	Ich erlebe mich nicht als einen weichherzigen Menschen.	1–2–3–4–5–6–7–8–9–10
16	Ich denke mich nicht in andere hinein.	1–2–3–4–5–6–7–8–9–10
17	Ich stehe gerne im Mittelpunkt.	1–2–3–4–5–6–7–8–9–10
18	Ich fühle, dass ich vom Wesen her anders bin als die meisten Menschen.	1–2–3–4–5–6–7–8–9–10
19	Es geht mir nicht nahe, wenn andere ein Missgeschick erleiden.	1–2–3–4–5–6–7–8–9–10
20	Oft nehme ich Bemerkungen anderer persönlich.	1–2–3–4–5–6–7–8–9–10
21	Ich bin fähiger als andere Menschen.	1–2–3–4–5–6–7–8–9–10
22	Ich bin anspruchsvoll.	1–2–3–4–5–6–7–8–9–10
23	Ich bin oft so mit meinen eigenen Interessen beschäftigt, dass ich die Existenz der anderen Menschen gar nicht wahrnehme.	1–2–3–4–5–6–7–8–9–10

Nr.	Aussage	trifft gar nicht auf mich zu – trifft voll auf mich zu
24	Ich versuche nicht, meine Mitmenschen besser zu verstehen, indem ich die Dinge aus ihrem Blickwinkel betrachte.	1–2–3–4–5–6–7–8–9–10
25	Ich bestehe auf dem mir gebührenden Respekt.	1–2–3–4–5–6–7–8–9–10
26	Bei Meinungsverschiedenheiten versetze ich mich nicht in die Lage meines Gegenübers.	1–2–3–4–5–6–7–8–9–10
27	Ich mag es nicht, in einer Gruppe von Menschen zu sein, wenn ich nicht weiß, dass mindestens einer der Anwesenden mich schätzt.	1–2–3–4–5–6–7–8–9–10
28	Jeder hört gerne meine Geschichten.	1–2–3–4–5–6–7–8–9–10
29	Es nervt mich, wenn andere mit ihren Problemen zu mir kommen und meine Zeit oder Sympathie einfordern, aber das behalte ich dann für mich und sage es nicht offen.	1–2–3–4–5–6–7–8–9–10
30	Ich mache mir keine Sorgen um Menschen, denen es schlechter geht als mir.	1–2–3–4–5–6–7–8–9–10

Schritt 2: Auswertung

Tragen Sie nun in das folgende Arbeitsblatt (▸ Arbeitsblatt 2) den Zahlenwert auf der Skala von 1 bis 10 ein, den sie für die Fragen 1 bis 30 angekreuzt haben. Addieren Sie dann die Zahlen für jede der Spalten (Grandiosität, Empathiemangel, Vulnerabilität) und tragen Sie das Ergebnis bei »Gesamt →« ein.

Arbeitsblatt 2 Auswertung des Fragebogens zur Selbsteinschätzung

Grandiosität		**Empathiemangel**		**Vulnerabilität**	
1		2		3	
6		5		4	
7		8		9	
11		10		12	
13		15		14	
17		16		18	
21		19		20	
22		24		23	
25		26		27	
28		30		29	
Gesamt →		**Gesamt →**		**Gesamt →**	

Hinweis: Die Tabelle enthält die Fragen nicht in der Reihenfolge ihrer Nummerierung im Selbsttest (▸ Arbeitsblatt 1). Lassen Sie sich hierdurch bitte nicht irritieren!

Schritt 3: Auswertungsdiagramm

Tragen Sie die Ergebnisse aus Schritt 2 für jeden der drei Bereiche Grandiosität, Empathiemangel sowie Vulnerabilität in dem folgenden Diagramm (▸Arbeitsblatt 3) ein, indem Sie jeweils ein Kreuz in Höhe der entsprechenden Punktzahl setzen.

Beispiel: Bei einem Punktwert von 26 im Bereich Grandiosität setzen Sie ein Kreuz im Punktbereich 21–30.

Anhand des Diagrammes können Sie nun Ihre individuelle Ausprägung der drei Persönlichkeitseigenschaften ablesen und miteinander vergleichen.

Arbeitsblatt 3 Auswertungsdiagramm zum Fragebogen zur Selbsteinschätzung

Punkte			
91–100			
81–90			
71–80			
61–70			
51–60			
41–50			
31–40			
21–30			
11–20			
1–10			
	Grandiosität	**Empathiemangel**	**Vulnerabilität**

Info
Mit diesem Fragebogen lässt sich keine Aussage darüber treffen, ob bei Ihnen ein problematischer Narzissmus oder gar eine krankhafte narzisstische Persönlichkeitsstörung vorliegt. Viele Fragen erfassen eher ein gesundes Streben nach Selbstwert, während andere Fragen deutlicher in Richtung eines problematischen Narzissmus gehen. Um sich in Ihrer Einschätzung wirklich sicher zu sein, sollten Sie sich an einen Psychotherapeuten oder Psychiater wenden.

Erklärung der Ergebnisse

Eine Aussage darüber, ab wann ein Wert zu hoch und damit nicht mehr normal ist, kann mit diesem Test nicht getroffen werden. Betrachten Sie die Werte stattdessen als grobe Orientierung.

Ein hoher Wert für Grandiosität kann bedeuten, dass Sie

- sehr selbstbewusst sind,
- gerne im Mittelpunkt stehen,
- sich für einen besonderen Menschen halten,
- Ihre Fähigkeiten und Eigenschaften gerne zur Schau stellen,
- erwarten, von anderen Menschen bewundert und bevorzugt behandelt zu werden,
- eine hohe Anspruchshaltung haben,
- dazu neigen, Macht über andere Menschen auszuüben.

Wenn Sie etwas an den eben beschriebenen Verhaltensweisen ändern wollen, finden Sie praktische Hinweise im ▸ Kapitel 9 im Abschnitt »Die Arbeit an Ihrem grandiosen Ich«.

Hohe Werte für Empathiemangel können zeigen, dass Sie

- Schwierigkeiten haben, sich in andere Menschen hineinzuversetzen,
- sich eher wenig um die Bedürfnisse anderer Menschen kümmern,
- auf andere Menschen einen distanzierten oder vielleicht sogar kühlen Eindruck machen.

Wenn Sie hieran etwas ändern möchten, finden Sie im Abschnitt »Verbesserung Ihrer Empathie« und »Die Bedürfnisse anderer Menschen« in ▶Kapitel 9 hilfreiche Strategien.

Hohe Werte für Vulnerabilität können daraufhin deuten, dass Sie

- Äußerungen anderer schnell persönlich nehmen, sich rasch kritisiert oder angegriffen fühlen,
- oft Scham empfinden,
- Anerkennung für einen Erfolg nicht gerne mit anderen teilen,
- sich insgeheim für anderen Menschen überlegen halten,
- soziale Kontakte vermeiden und sich aus den Angelegenheiten anderer lieber heraushalten.

Wenn Sie an Ihrer vulnerablen (verletzlichen) Seite arbeiten wollen, dann finden Sie hierzu einige nützliche Hinweise im Abschnitt »Die Arbeit an Ihrem verletzlichen Ich (Vulnerabilität)« in ▶Kapitel 9.

Das folgende Arbeitsblatt (▶Arbeitsblatt 4) soll Ihnen helfen, ausgehend von den Ergebnissen des Fragebogens Ihre individuellen narzisstischen Problembereiche einzugrenzen.

Arbeitsblatt 4 Narzisstische Problembereiche

Problembereich	Typische Verhaltensweisen	Fragestellung zur Selbstbeobachtung
Grandiosität	Egozentrisches Verhalten, Selbstdarstellung	• Dränge ich mich oft in den Mittelpunkt? • Rede ich ständig von mir, ohne Interesse für mein Gegenüber zu zeigen? • Neige ich zur Angeberei?
	Führungswille, Autorität, Dominanz	• Sage ich anderen ständig, was sie zu tun haben? • Muss ich immer das letzte Wort haben? • Kann ich mich schlecht oder gar nicht unterordnen?
	Gefühl der Überlegenheit, Selbstidealisierung, Selbstüberschätzung	• Glaube ich, alles besser zu können? • Verhalte ich mich anderen gegenüber oft arrogant? • Fühle ich mich den meisten Menschen überlegen? • Neige ich zu Besserwisserei? • Werte ich andere Menschen ab oder mache sie klein?
	Anspruchshaltung	• Muss immer alles nach meinem Willen laufen? • Erwarte ich eine bevorzugte Behandlung? • Ist mir nichts gut genug?
	Ausnutzen anderer Menschen, manipulatives Verhalten	• Benutze ich andere für meine Zwecke? • Rede ich mich heraus, um keine Verantwortung zu übernehmen? • Glaube ich, andere durchschauen und manipulieren zu können?

Problembereich	Typische Verhaltensweisen	Fragestellung zur Selbstbeobachtung
Empathiemangel	Geringe Empathiefähigkeit, mangelndes Verständnis/Nichtbeachtung der Gefühle anderer Menschen, mangelndes Vermögen, sich in andere Menschen hineinzuversetzen	• Empfinde ich wenig Mitleid mit dem Missgeschick anderer? • Ist es mir gleichgültig, wenn jemand ungerecht behandelt wird? • Sagt man mir öfter, ich sei gefühlskalt, takt- oder herzlos?
Vulnerabilität	Minderwertigkeitsgefühle, Kränkbarkeit, Unsicherheit, Angst vor Kritik und Zurückweisung	• Nehme ich Bemerkungen anderer schnell persönlich? • Fällt es mir schwer, Erfolge anderer ohne Neid anzuerkennen? • Bin ich in Gegenwart anderer schnell verunsichert?
	Innere Leere	• Habe ich oft ein Gefühl innerer Leere, wenn ich mich nicht in irgendeiner Weise ablenke? • Gibt es nur wenige Dinge, an denen ich ein echtes Interesse habe (zum Beispiel Hobbys)? • Gibt es nur wenig, das ich nur für mich und aus reiner Freude mache, ohne mir und anderen damit etwas beweisen zu wollen?

Anleitung zur Fremdeinschätzung

Da eine Selbsteinschätzung nicht immer zuverlässig ist, sollten Sie einen Ihnen nahestehenden Menschen zu Ihren narzisstischen Eigenschaften befragen. Auch wenn wir es manchmal nicht wahrhaben wollen, so können andere unser Verhalten in der Regel besser einschätzen, als wir selbst es vermögen. Ob es sich bei Ihren narzisstischen Eigenschaften tatsächlich um problematische Charakterzüge handelt, hängt außerdem von deren Auswirkungen auf andere, vor allem Ihnen nahestehende Menschen ab. Also ist deren Rückmeldung auch vor diesem Hintergrund für Sie sehr sinnvoll.

Natürlich ist eine Fremdbeurteilung auch nicht immer verlässlich. Freunde könnten befangen sein, da diese Sie vielleicht mit ihrer Einschätzung nicht kränken wollen: *»Du narzisstisch? Da mach Dir mal keine Sorgen!«* Oder sie bewegen sich in Kreisen, in denen ein Drang zur Selbstdarstellung als eine positive und wünschenswerte Eigenschaft angesehen wird. Solche Freunde bzw. Bekannte werden Ihren Hang zu Angeberei und Selbstdarstellung nicht problematisch finden, während ihre Partnerin dies womöglich ganz anders sieht. Aber auch die Einschätzung Ihrer Partnerin ist vielleicht nicht verlässlich. So wird zum Beispiel eine tendenziell selbstunsichere Partnerin Ihre selbstbewussten Eigenschaften eher als narzisstisch im problematischen Sinn einschätzen.

Wenn Sie eine verlässliche Einschätzung haben wollen, sollten Sie sich also vorher genau überlegen, wen Sie hierzu befragen wollen. Vielleicht ist Ihre Partnerin nicht die richtige Ansprechpartnerin, insbesondere wenn Sie sich gerade in einer Krise befinden. In diesem Fall ist wahrscheinlich Ihr bester Freund oder Ihre beste Freundin für eine Fremdeinschätzung geeigneter. Setzen Sie sich also zusammen und gehen Sie die Fragen von ▶ Arbeitsblatt 5 durch. Lassen Sie sich dabei die Einschätzungen Ihres Gegenübers insbesondere bei auffälligen Verhaltensweisen näher erklären.

Arbeitsblatt 5 Fremdeinschätzung

	Ja	**Nein**
Bin ich auffallend arrogant gegenüber anderen Menschen?		
Rücke ich mich im Kontakt mit anderen Menschen die überwiegende Zeit in den Mittelpunkt?		
Neige ich dazu, andere Menschen abzuwerten oder auszunutzen?		
Habe ich eine (zu) hohe Meinung von mir selbst?		
Stelle ich überhöhte Ansprüche an andere Menschen?		
Vernachlässige ich meine Familie bzw. meine Freunde, weil ich mich überwiegend auf meinen beruflichen Erfolg konzentriere?		
Kümmere ich mich wenig um die Gefühle und Bedürfnisse anderer Menschen?		
Bin ich auf der ständigen Suche nach Anerkennung und Bewunderung?		
Kann ich mit Kritik schlecht umgehen und reagiere dann schnell gereizt, abwehrend oder aggressiv?		

Info

Es ist völlig normal, wenn Sie vor dieser Fremdbeurteilung zurückschrecken, handelt es sich doch dabei um etwas, das Sie nicht gewohnt sind: Sie fragen einen anderen Menschen nach einem kritischen Feedback. Versuchen Sie einfach, dies bereits als eine Übung zu verstehen, die Ihnen dabei hilft, sich zu verändern und negative Rückmeldungen auszuhalten.

Wie schon bei ▸ Arbeitsblatt 4 gibt es bei dieser Befragung keine Punktzahl, ab der Sie sich als narzisstisch einstufen müssten. Vielmehr sollten Sie das Feedback Ihrer Vertrauensperson nutzen, um die Ergebnisse des Fragebogens zur Selbsteinschätzung (▸ Arbeitsblatt 1–3) zu überprüfen und sich über mögliche Problembereiche selbstkritisch Gedanken zu machen.

9 Schrittweise zur Veränderung – An sich selbst arbeiten

Vielleicht sind Sie beim Lesen dieses Buches zu der Erkenntnis gekommen, dass Sie zwar eine gehörige Portion Narzissmus mitbringen, unter dem Sie jedoch keineswegs leiden. Stattdessen hat dieser Ihnen vielmehr dabei geholfen, wichtige private und berufliche Ziele zu erreichen. Wenn dem so ist, dann sehen Sie wahrscheinlich keinen Grund, sich zu verändern. Dann allerdings wäre unser Rat an Sie, sich einmal zu fragen, ob nicht vielleicht Ihre Umgebung unter Ihren narzisstischen Verhaltensweisen leidet, insbesondere Ihre Partnerin? Wenn Sie dies mit hinreichender Sicherheit verneinen können, dann müssen Sie sich wohl tatsächlich keine weiteren Gedanken machen. Sollte dem aber doch so sein, und sollten Sie dennoch nicht an Ihren narzisstischen Eigenschaften arbeiten wollen, dann müssen Sie die negativen Konsequenzen, die sich hieraus womöglich ergeben (u.a. Kritik, Auseinandersetzungen, Trennungen), schlichtweg akzeptieren. Wenn Sie das in Kauf nehmen können und wollen, dann müssen Sie sich überhaupt nicht verändern, auch wenn Sie wahrscheinlich in den Augen vieler anderer Menschen kein besonders liebenswerter Zeitgenosse sind.

Vielleicht haben Sie aber im Laufe der Lektüre dieses Buches gemerkt, dass es für Sie höchste Zeit ist, an Ihren narzisstischen Verhaltensweisen etwas zu verändern. Sie haben realisiert, dass durch Ihre Persönlichkeit nicht nur die Menschen in Ihrer Umgebung, sondern auch Ihnen selbst mehr und mehr greifbare und Sie durchaus belastende Nachteile entstehen. Diese Belastung kann vielfältige Formen haben, sie hat aber immer etwas damit zu tun, dass für Sie wichtige Bedürfnisse auf der Strecke geblieben sind. Das führt zu Frustrationen und zu Gefühlen der Unzufriedenheit, Einsamkeit, Traurigkeit oder Hoffnungslosigkeit, um nur einige zu nennen. Für den unwahrscheinlichen Fall, dass Sie nicht genau wissen, welche Ihrer Bedürfnisse denn eigentlich zu kurz kommen könnten, wollen wir Ihnen die häufigsten Ziele nennen, welche narzisstische Menschen in einer Psychotherapie benennen:

- der Wunsch nach einer stabilen und befriedigenden Partnerschaft,
- das Bedürfnis, mit anderen Menschen, zum Beispiel Freunden, Kollegen und Verwandten besser zurechtzukommen,
- der Wunsch, nicht nur aufgrund seiner Erfolge, sondern als derjenige akzeptiert, geschätzt oder sogar geliebt zu werden, der man wirklich ist,
- das Bedürfnis, zufrieden sein zu können, ohne sich immer wieder im Beruf und im Privatleben beweisen zu müssen,
- der Wunsch, sich selbst besser verstehen und akzeptieren zu lernen.

Wenn Sie also an einer Veränderung Ihrer Problematik interessiert sind, dann sollten Sie an zwei wesentlichen Dingen arbeiten:

1. an Ihrer Beziehung zu anderen Menschen, und
2. an Ihrer Beziehung zu sich selbst.

Die wichtigste Quelle der Zufriedenheit kann man nämlich auf einen Punkt bringen: es sind stabile und erfüllende Beziehungen. Nichts kann einem Menschen dauerhaft ein solch tiefes Gefühl von Sinnhaftigkeit, Geborgenheit und

Zufriedenheit geben, wie eine stabile Partnerschaft und echte Freundschaften, in denen Sie dafür geliebt und gemocht werden, wie und wer Sie wirklich sind, und nicht für das, was Sie leisten oder vorgeben zu sein.

> **Frage**
> Haben Sie eine Partnerin und Freunde, denen Sie sich so zeigen können, wie Sie (wirklich) sind? Von denen Sie sich, auch ohne etwas Besonderes zu leisten oder besonders zu sein, grundsätzlich akzeptiert und geschätzt fühlen? Mögen und akzeptieren Sie sich selbst?

Es geht im Folgenden aber nicht nur um die Verbesserung Ihrer Beziehungen zu anderen Menschen, sondern im gleichen Maße auch um die Art und Weise Ihrer Beziehung zu sich selbst. Diesen Punkt können wir gar nicht genügend betonen, denn die oft zitierte Liebe narzisstischer Menschen zu sich selbst ist nur eine vordergründige Liebe. Hinter der selbstverliebten Fassade erleben viele von ihnen eine tiefe Unsicherheit, Minderwertigkeit und Selbstabwertung. Deswegen liegt ein wichtiger Teil Ihrer Zufriedenheit in einem akzeptierenden, wertschätzenden und selbstfürsorglichen Umgang mit Ihnen selbst. Bitte vergessen Sie das nicht!

Wenn wir Ihnen also im Folgenden Schritte der Veränderung aufzeigen, dann gelten diese in erster Linie der Verbesserung Ihrer Beziehungen zu anderen Menschen und zu sich selbst. Solche Strategien zur Selbsthilfe können sehr wirksam sein, wenn Sie diese konsequent anwenden, sie können jedoch keine Psychotherapie ersetzen. Sie selbst entscheiden, ob Sie versuchen wollen, die ein oder andere Strategie auszuprobieren. Wenn Sie aber bereits an dieser Stelle erkannt haben, dass Sie gravierende und extrem belastende psychische oder soziale Probleme haben, die Sie überfordern, oder Sie sogar Gedanken an Selbstmord haben, dann sollten Sie sich besser gleich an einen Psychotherapeuten wenden. In ▸Kapitel 10 finden Sie hilfreiche Informationen zum Thema Psychotherapie.

Bei den im Folgenden vorgestellten Strategien geht es insbesondere um eine Veränderung Ihrer problematischen Verhaltensweisen gegenüber anderen Menschen. Dies soll zum einen bewirken, dass andere Menschen und insbesondere Ihre Partnerin sich von Ihnen respektierter, akzeptierter und verstandener fühlen. Sie lernen dabei, diesen Menschen das zu geben, was Sie selbst von ihnen haben wollen: Aufmerksamkeit, Interesse, Lob. So gestalten Sie eine zunehmend gleichberechtigte Beziehung, bei der Sie außerdem die Erfahrung machen können, dass andere Menschen nicht so reagieren, wie Sie es befürchtet haben und vielleicht noch immer befürchten. Es kann zum Beispiel sein, dass Sie sich eher dominant und abweisend verhalten, da Sie befürchten, von anderen Menschen abgelehnt oder bloßgestellt zu werden. Aber gerade weil Sie sich so verhalten, reagieren andere Menschen auf Sie zurückhaltend oder ablehnend. Ihre Befürchtungen sind somit zu einer sich selbst erfüllenden Prophezeiung geworden. Wenn Sie sich jedoch einmal willentlich weniger dominant und mehr zugewandt verhalten, werden Sie mit aller Wahrscheinlichkeit erleben, dass andere Menschen positiv oder doch zumindest positiver als bisher auf Sie reagieren. Und genau um diese Erfahrung geht es!

Bitte schauen Sie sich zuvor aber noch einmal das Ergebnis Ihres Selbstprofils in ▸Kapitel 8 an. Auf dieser Grundlage können Sie entscheiden, woran Sie konkret arbeiten wollen. Die einzelnen Bereiche der Veränderung, die wir Ihnen im Folgenden näher erläutern wollen, sind:

- die Verbesserung Ihrer Empathie,
- die Arbeit an Ihren grandiosen Verhaltensweisen,
- die Selbstfürsorge für Ihre vulnerable Seite.

Info
Die wichtigsten Punkte der Arbeit an Ihren narzisstischen Persönlichkeitseigenschaften sind eigentlich sehr einfach zu verstehen. Das bedeutet leider nicht, dass sie auch einfach durchzuführen sind. Letztlich ist es die ausdauernde Übung, die Sie zum Erfolg bringt, und genau darin liegt die Herausforderung, denn wir Menschen bevorzugen ja meist die schnelle Lösung.

Verbesserung Ihrer Empathie

Empathie ist die Fähigkeit und Bereitschaft des Einfühlens und Eindenkens in die innere Welt anderer Menschen. Sie lässt uns andere besser verstehen und gibt uns die Möglichkeit, auf deren Bedürfnisse einzugehen. Wenn Sie während des Lesens dieses Buches zu dem Schluss gekommen sind, dass Ihre Empathiefähigkeit ausbaufähig ist, dann können Sie diese durchaus eigenständig trainieren. Dabei geht es weniger darum, in sich nach Gefühlen zu suchen, welche Sie bislang, zum Beispiel im Kontakt mit Ihrer Partnerin, nicht erlebt haben. Wahrscheinlich tun Sie sich ohnehin mit Gefühlen eher schwer, da diese für Sie so wenig greifbar sind. Aber Sie können versuchen, sich die Innenwelt Ihres Gegenübers durch genaue Beobachtung, durch das Eindenken in die andere Person und durch konkrete Fragen zu erschließen. Man nennt dies auch *Perspektivwechsel.* Hierbei versuchen Sie, von Ihrer Person, Ihrer Sichtweise und Ihren Bedürfnissen Abstand zu nehmen und sich stattdessen in die innere Welt des anderen Menschen zu versetzen. In Situationen, in denen Sie sich also früher beispielsweise gefragt haben, wie es Ihnen gerade geht, wie Sie sich besser in Szene setzen könnten, was für eine Story Sie jetzt erzählen könnten, fragen Sie sich jetzt:

- *»Wie erlebt der andere Mensch gerade diese Situation? Was denkt und fühlt er gerade?«*
- *»Wie würde ich mich fühlen, wenn ich jetzt an seiner Stelle wäre?«*
- *»Welches Bedürfnis hätte ich, wenn ich mich so fühlen würde?«*
- *»Was für Wünsche bzw. Ziele könnte der andere jetzt gerade haben?«*

Einen Perspektivwechsel zu erlernen, ist aber keine Sache von wenigen Tagen. Wie an allen neuen Verhaltensweisen (zum Beispiel Ernährungsumstellung, Erlernen neuer Arbeitsabläufe, Ausdauertraining) müssen Sie hieran lange Zeit arbeiten, d. h. Sie müssen den Perspektivwechsel trainieren. Schließlich haben Sie bislang an erster Stelle immer an sich gedacht, sich auf Ihre Bedürfnisse konzentriert, sich gefragt, was für Sie jetzt das Beste wäre. Genau das Gegenteil hiervon zu tun, ist deswegen eine nicht zu unterschätzende Herausforderung. Sollten Sie Schwierigkeiten beim Erlernen des Perspektivwechsels haben, dann können Sie dem anderen die entsprechenden Fragen auch direkt stellen. Als Fragen bieten sich hierzu u. a. an:

- *»Wie geht es Dir gerade?«*
- *»Was denkst und fühlst Du gerade?«*
- *»Wie erlebst Du diese Situation?«*
- *»Was würdest Du von mir brauchen?«*
- *»Was täte Dir gerade gut?«*
- …

Mithilfe dieser Fragen werden Sie sich immer besser in andere Menschen und insbesondere in Ihre Partnerin hineinversetzen können. Außerdem werden diese es als sehr wohltuend erleben, von Ihnen solche ungewohnten Fragen gestellt zu bekommen.

Beispiel

Bislang hatte Stephan regelmäßig Auseinandersetzungen mit Ina, die sich unter anderem über zu wenig Beachtung beschwerte. So zum Beispiel als Stephan gemeinsam mit Ina bei einem Arbeitskollegen zum Abendessen eingeladen war und er sich den ganzen Abend über seine Arbeit unterhielt, während Ina nur stumm daneben saß. Beim Erlernen des Perspektivwechsels verteidigte Stephan zunächst sein Verhalten *(»Das hätte sie doch wissen müssen, dass es in diesem Kreis nur um die Arbeit geht. Dann hätte sie gar nicht erst mitkommen sollen!«).* Doch nach und nach gelang es ihm, sich in Ina hineinzuversetzen und den Abend einmal nur aus ihrer Perspektive wahrzunehmen. Durch diesen Perspektivwechsel konnte er verstehen, dass Ina sich nicht nur einsam fühlte, sondern auch das Gefühl hatte, sie sei für Stephan unwichtig. Als Konsequenz aus diesem Perspektivwechsel begann Stephan in ähnlichen Situationen häufiger die Nähe zu Ina zu suchen und sie einfach mal in das Gespräch miteinzubeziehen.

Empathie können Sie auch trainieren, indem Sie versuchen herauszufinden, welche Gefühle Ihr Gegenüber gerade erlebt. Ist er zum Beispiel traurig, fühlt er sich einsam, strahlt er Freude aus oder ist bei ihm Ärger zu spüren? Gefühle sind ein direkter Ausdruck von Bedürfnissen und je besser Sie die Gefühle Ihres Gegenübers verstehen, desto leichter wird es Ihnen auch fallen, auf dessen Bedürfnisse einzugehen. Die folgende Tabelle (▸Tab. 3) kann wie ein Wörterbuch gelesen werden, mit dem sich einige wichtige Gefühle beispielhaft in die zugehörigen Bedürfnisse übersetzen lassen. Bitte beachten Sie dabei, dass unsere Beispiele hinsichtlich der Zuordnung der einzelnen Gefühle zu den Bedürfnissen, die dahinterstecken können, keinen Anspruch auf Vollständigkeit oder alleinige Gültigkeit erheben. In der folgenden Tabelle (▸ Tab. 3) finden Sie zudem hilfreiche Verhaltensweisen, um die entsprechenden Bedürfnisse zu befriedigen, sowie jeweils eine praktische Beispielsituation.

Tab. 3 Gefühle und welche Bedürfnisse dahinterstecken können

Gefühl	Bedürfnis nach	Hilfreiche Verhaltensweisen	Beispielsituation
Traurigkeit	Kontakt, Bindung, Trost	Anteil nehmen, Nähe geben, trösten, Unterstützung anbieten	Als Ines wegen des Todes ihrer Oma traurig ist, setzt Tom sich zu ihr und nimmt tröstend ihre Hand.
Sorge, Angst	Sicherheit, Kontrolle	Den anderen ernst nehmen, beruhigen, Hilfe bzw. Schutz anbieten, Sicherheit geben	Als Stephan von seinen beruflichen Sorgen berichtet, hört Janine ihm aufmerksam zu und bietet ihm ihre Unterstützung an.
Ärger, Wut	Respekt, Unversehrtheit	Rücksichtnahme, respektvolles Verhalten, sich entschuldigen, Wiedergutmachung leisten	Als Eva ihren Ärger über das rücksichtslose Verhalten ihres Freundes äußert, entschuldigt er sich bei ihr und verspricht, demnächst mehr Rücksicht zu nehmen.
Frustration	Erfolgserlebnisse, Lösung von Problemen	Verständnis zeigen, lange bestehende Bedürfnisse des anderen erfüllen, Versprechen einhalten	Als seine Partnerin sich beklagt, dass er sich wohl nie ändern werde, nimmt Johannes sich vor, seinen Worten auch Taten folgen zu lassen.

Gefühl	Bedürfnis nach	Hilfreiche Verhaltensweisen	Beispielsituation
Schuldgefühl	Wiederherstellung eines guten Kontakts, Vergebung	Schuld eingestehen, Verantwortung übernehmen, um Verzeihung bitten, Wiedergutmachung leisten	Nachdem Julia ihren Freund mit einer unangemessenen Bemerkung sehr verletzt hatte, fühlt sie sich schuldig. Sie bittet ihn um Verzeihung und sagt ihm, wie wichtig er ihr ist.
Scham	Akzeptanz bei anderen Menschen, das Gesicht zu wahren	Akzeptierende Haltung zeigen, Zuspruch geben, Wertschätzung zum Ausdruck bringen, respektvoller mit schambesetzten Themen umgehen	Als seine Freundin darüber spricht, dass sie keine Kinder bekommen könne, versucht Peter sehr taktvoll und behutsam mit diesem offenbar schambesetzten Thema umzugehen.
Einsamkeit	Kontakt, Bindung	Aktiv Kontakt zu anderen suchen, Nähe geben, Zusammensein anbieten	Als sein bester Freund von der Partnerin verlassen wird, schlägt Thomas vor, am Wochenende gemeinsam etwas zu unternehmen.
Langeweile	Neugier, Abwechslung	Aktivität und Ablenkung anbieten, positive Ereignisse und Gefühle ermöglichen	Als seine Freundin sagt, dass sie wegen ihrer Prüfungsvorbereitung seit Wochen nicht mehr aus der Wohnung gekommen sei, schlägt ihr Freund vor, zusammen ins Kino zu gehen.

Gefühl	Bedürfnis nach	Hilfreiche Verhaltensweisen	Beispielsituation
Stolz	Selbstwert, Beachtung	Anerkennung, Wertschätzung, Lob aussprechen	Als Jens von seiner bestandenen Prüfung erzählt, fragt Philipp interessiert nach und drückt seinen Respekt für diese Leistung aus.
Freude	Genussvolle Momenten, die mit jemandem geteilt werden können	Sich für und mit dem anderen freuen und dies auch zum Ausdruck bringen	Als Nicole freudestrahlend erzählt, dass sie Tante geworden sei, sagt ihr Freund, dass er sich sehr für sie freue.

Die Bedürfnisse anderer Menschen

Die Fähigkeit mit anderen Menschen so umzugehen, dass diese sich gesehen, akzeptiert und respektiert fühlen, ist entscheidend für eine stabile und befriedigende Beziehung.

Frage

Erinnern Sie sich an die Fragen, die wir Ihnen bereits in ▸ Kapitel 3 gestellt haben? Wenn nicht, dann wollen wir Ihnen diese in pointierter Form noch einmal in Erinnerung rufen:

- *»Wieviel Aufmerksamkeit, Interesse und Wertschätzung lasse ich anderen Menschen in einer für sie spürbaren Form zukommen? Fordere ich mehr positive Beachtung und Bestätigung von anderen ein, als ich selbst zurückgebe?«*
- *»Wie zufrieden müssen andere Menschen im Kontakt mit mir sein, damit auch ich zufrieden sein kann?«*

Zunächst werden Sie durch eine verbesserte Empathie häufiger wahrnehmen, wie es Ihrem Gegenüber geht, was ihn gerade beschäftigt, was ihm vielleicht fehlt und was er sich wünscht. Sie werden seine Bedürfnisse zunehmend besser verstehen und können aktiver und gezielter auf diese eingehen.

In der folgenden Tabelle (▸ Tab. 4) haben wir hilfreiche Verhaltensweisen zusammengestellt, mit denen Sie gezielt auf bestimmte Bedürfnisse anderer Menschen, hier am Beispiel Ihrer Partnerin, eingehen können.

Tab. 4 Bedürfnisse Ihrer Partnerin und wie Sie darauf eingehen können

Bedürfnis der Partnerin nach	**Hilfreiche Verhaltensweisen (die Sie häufiger zeigen sollten)**	**Beispiele**
Interesse und Beachtung	• Nach Gefühlen/Befinden fragen	• »Wie geht es Dir?« • »Wie fühlst Du Dich gerade?« • »Was interessiert Dich?/ Was bewegt Dich?« • »Möchtest Du mir noch einmal genauer erzählen, was Du erlebt hast?«
Verständnis	• Nachfragen/ Verständnisfragen stellen • Verständnis äußern • Akzeptieren	• »Hat Dich das gefreut (stolz gemacht, geärgert, frustriert usw.)?« • »Das war sicher schön (schwer, traurig, spannend usw.) für Dich, oder?« • »Da warst Du bestimmt erleichtert (froh, traurig, genervt usw.), oder?« • »Ich kann verstehen, dass Du so reagiert hast!«

Bedürfnis der Partnerin nach	Hilfreiche Verhaltensweisen (die Sie häufiger zeigen sollten)	Beispiele
Verständnis	• Perspektivwechsel	• Fragen Sie sich, wie Sie sich anstelle Ihrer Partnerin fühlen würden. • »An Deiner Stelle wäre ich bestimmt enttäuscht (traurig, erleichtert, überrascht usw.) gewesen.« • »Erzähl mir mal ganz genau, wie es Dir ergangen ist!«
Anteilnahme, Trost und Unterstützung	• Positive und negative Gefühle teilen • Mitgefühl zum Ausdruck bringen • Trost spenden • Nähe geben • Fragen, was der andere braucht • Interessen teilen	• »Ich freue mich für Dich!« • »Es tut mir leid, dass Du dich so fühlst!« • »Ich bin für Dich da!« • »Kann ich etwas für Dich tun?« • »Was können wir machen, damit Du dich besser fühlst?« • »Das interessiert mich auch!«
Sicherheit, Rücksichtnahme und Respekt	• Sicherheit/Geborgenheit geben • Bedürfnisse respektieren • Frustration und Ärger respektieren/aushalten	• »Es tut mir leid, wenn ich Dich verletzt habe!« • »Ich werde versuchen, in Zukunft besser auf Dich zu achten.« • »Es ist ok, dass Du mir Deinen Ärger zeigst.« • »Ich kann verstehen, dass Dich das verunsichert hat.«

Bedürfnis der Partnerin nach	**Hilfreiche Verhaltensweisen (die Sie häufiger zeigen sollten)**	**Beispiele**
Anerkennung, Wertschätzung und Lob	• Positive Eigenschaften der Partnerin benennen/hervorheben • Wertschätzung zum Ausdruck bringen • Sich bedanken	• »Ich mag an Dir, dass Du …« • »Mir gefällt, dass Du …« • »Ich bin stolz auf Dich!« • »Du kannst stolz auf Dich sein!« • »Ich verbringe gerne Zeit mit Dir!« • »Unsere Freundschaft bedeutet mir viel!«
Kontakt, Zusammensein und Nähe	• Mehr Zeit für die Partnerin aufbringen • Zuwendung geben	• Nehmen Sie sich Zeit, beispielsweise indem Sie Überstunden reduzieren, gemeinsame Freizeit einplanen. • Fragen Sie Ihre Partnerin, über welche gemeinsamen Aktivitäten sie sich freuen würde. • Führen Sie Alltagsarbeiten im Haushalt gemeinsam durch (zum Beispiel Kochen, Gartenarbeit). • Pflegen Sie gemeinsame Rituale, beispielsweise regelmäßige gemeinsame Mahlzeiten. • Setzen Sie sich zu Ihrer Partnerin (anstatt sich ständig in ein anderes Zimmer oder vor den PC zurückzuziehen!). • Konzentrieren Sie sich auf Ihre Partnerin (anstatt aufs Smartphone zu starren!). • Geben Sie körperliche Nähe und lassen Sie sie auch zu.

Beispiel
Tobias hat einen Konflikt mit seiner Freundin Julia. Diese hatte ihn gefragt, ob er Lust hätte, zusammen mit ihren Eltern Silvester zu feiern. Als Tobias antwortet, dass er dies erst kurz vor Silvester entscheiden wolle, reagiert Ina verärgert und gibt ihm zu verstehen, dass er dann genau so gut alleine feiern könne. Im Gespräch mit seinem Psychotherapeuten vertritt Tobias die Meinung, dass es doch normal wäre, sich alle Wege offen zu halten, um sich dann für die beste Lösung zu entscheiden. Er habe zwar durchaus Lust, Silvester bei Inas Eltern zu verbringen, aber vielleicht käme ja noch etwas Besseres?! Angesprochen, wie sich wohl seine Freundin dabei fühlen würde (Perspektivwechsel), muss er feststellen, dass er mit seiner Hinhaltetaktik ihr Bedürfnis nach Respekt und Wertschätzung frustriert hat. Als zukünftige Vorgehensweise entscheidet er sich dafür, entweder gleich zu- oder abzusagen (was natürlich sein gutes Recht ist) oder um einige Tage Bedenkzeit zu bitten (um Ina einen anderen Vorschlag machen zu können, wo sie gemeinsam Silvester verbringen könnten).

Man kann dieses Bemühen, sich auf die Bedürfnisse eines anderen Menschen zu konzentrieren, auch unter das Motto stellen: *Dem anderen etwas Gutes tun*. Es ist erstaunlich, wie wenig wir aber im Alltag darüber nachdenken, was wir unseren nächsten Menschen Gutes tun können (und wie häufig wir im Gegenzug daran denken, was die anderen uns Gutes tun könnten). Hierzu müssen Sie sich natürlich mit der Frage beschäftigen, was Ihre Partnerin mag, worüber sie sich wirklich freut, was wirklich gut für sie wäre. Natürlich ist die Versuchung groß, ohne Nachdenken und Perspektivwechsel zu den klassischen Lösungen, zu einem Blumenstrauß, Schmuck oder ähnlichem, zu greifen. Und vielleicht wird sich Ihre Partnerin hierüber zunächst auch freuen. Aber ihr etwas zu kaufen ist kein Zeichen dafür, dass Sie sich mit ihr als individuelle Person beschäftigt haben. Und Sie können Ihr ja schlecht jeden Tag einen Strauß Rosen schenken. Am besten verzichten Sie also fürs Erste auf alle Ideen, die darauf hinauslaufen, dass Sie etwas schenken. Ihrer Partnerin etwas Gutes zu tun, hat viel mehr damit zu tun, dass Sie mittels eines Perspektivwechsels deren ganz eigene Bedürfnisse und Wünsche kennenlernen und genau hierauf positiv reagieren lernen.

Beispiel

Henning ist beim ersten Versuch, seiner Freundin etwas Gutes zu tun, gescheitert. Er hatte sie in eine Boutique geführt und ihr gesagt, dass sie sich etwas auf seine Kosten aussuchen dürfte. Aber das kam bei seiner Freundin überhaupt nicht gut an, eher im Gegenteil. Mit der Bemerkung, dass sie nicht käuflich sei, stürmte sie aus dem Laden. Um herauszufinden, was seiner Partnerin guttun würde, musste er sich schon etwas mit ihr und ihren Vorlieben, Interessen und Wünschen beschäftigen. Durch einen Perspektivwechsel wurde ihm klar, dass seine Freundin gerne mal wieder ins Theater gehen würde, wofür er ihr dann Karten schenkte. Er selbst fand das Theaterstück zwar nicht berauschend, aber es ging ja nicht um seine Vorlieben, sondern um die seiner Freundin, die sich hierüber hocherfreut zeigte.

Wenn Sie Ihre empathischen Fähigkeiten bereits etwas trainiert haben, können Sie hierauf aufbauen und versuchen, Ihrem Gegenüber im Gespräch spürbar mehr Verständnis entgegenzubringen. Sie hören also nicht nur aufmerksam zu und zeigen Interesse durch gezielte Fragen, sondern Sie versuchen ihm auch zu signalisieren, dass Sie ihn verstanden haben, dass Sie also sein Erleben und Verhalten nachvollziehen und akzeptieren können. Auch hierzu müssen Sie Ihre Person und Ihre Sicht der Dinge außen vorlassen.

Beispiel

Silke will sich ein neues Handy kaufen. Hierzu hat sie bereits drei Monate lang sämtliche Modelle nach Preis und Leistung verglichen, sich in etlichen Läden beraten lassen, die Zeitschrift *Test* zum Thema Handys durchgearbeitet und etliche Internetportale gecheckt. Als sie am Abend ihrem Partner Klaus berichtet, dass sie sich für ein Handy der Marke Samsung entschieden hat, würde dieser am liebsten all ihre Überlegungen beiseite wischen, denn für ihn ist klar, dass nur ein I-Phone in Frage kommt. Aber er kennt seine Partnerin gut genug, um zu wissen, dass sie im Gegensatz zu ihm ein sehr gewissenhafter Mensch ist und alle Entscheidungen mehrfach durchdenkt, bevor sie dann zur Tat schreitet. Also verzichtet er darauf, ihre Gedankengänge zu unterbrechen, sondern hört sich alles in Ruhe an, auch wenn das für ihn etwas anstrengend ist, und sagt schließlich: *»Du bist wirklich sehr gründlich und hast Dir das alles sehr gut überlegt. Insofern kann ich nachvollziehen, dass Du Dich für das Handy von Samsung entschieden hast. Ich denke aber, dass es auch Gründe für ein I-Phone gibt. Wenn es Dich interessiert, dann könnte ich Dir die Gründe nennen.«*

Die Arbeit an Ihrem grandiosen Ich

Wie könnten Sie es schaffen, sich etwas von Ihrem grandiosen Selbst zu lösen? Dies ist eine nicht zu unterschätzende Herausforderung, denn vermutlich hat Ihre Selbstdarstellung einen unmittelbar positiven Effekt für Sie. Hierfür bekommen Sie schließlich immer noch ein wohltuendes Maß an Aufmerksamkeit und Bewunderung – oder glauben Sie vielleicht auch nur, dass andere Menschen Sie bewundern? Fragen Sie sich doch einmal, aus welchen Gründen andere Sie wohl tatsächlich bewundern könnten oder sollten! Um diese Frage ehrlich beantworten zu können, müssen Sie allerdings Abstand von Ihrem grandiosen Selbstbild nehmen. Zu diesem Zweck wollen wir Ihnen im Folgenden zwei Strategien vorschlagen: Zum einen können Sie Ihr grandioses Selbst und dessen negative Folgen kritisch unter die Lupe nehmen, zum anderen können Sie durch neue Verhaltensweisen lernen, den Fokus Ihrer Aufmerksamkeit von sich weg und gezielter auf andere Menschen zu lenken.

Selbstidealisierung und Anspruch

Welchen Preis müssen Sie für Ihr grandioses Ich bezahlen? Vielleicht sind Ihr Selbstbild und Ihre Ansprüche zwar deutlich überhöht, aber unter Aufbietung all Ihrer Zeit und Energie können sie die hierfür notwendigen realen Leistungen und Erfolge tatsächlich erbringen. Soweit, so gut. Doch ein so hohes Leistungs- und Stressniveau bleibt für Körper und Seele nicht ohne Folgen. Beständig an der Grenze zur Verausgabung und Erschöpfung zu arbeiten, fordert früher oder später seinen Preis. Zu den häufigsten Folgen von chronischem Stress gehören insbesondere:

- Burnout
- Schlafstörungen
- innere Unruhe und Angespanntheit
- Reizbarkeit und Aggressivität
- erhöhter Alkoholkonsum
- Depressionen
- Herz-Kreislauf-Erkrankungen

Frage
Wie äußert sich Stress bei Ihnen körperlich und seelisch? Merken Sie bereits die negativen Auswirkungen auf Ihre Psyche und Ihre körperliche Gesundheit?

Ihre hohen Ansprüche und die Abhängigkeit Ihres Selbstwerts von Ihrem Erfolg treibt Sie folglich mit zunehmendem Alter in eine Belastung, die Sie nicht ohne gravierende Konsequenzen aushalten können (die Dunkelziffer an Führungskräften mit einem Burnout oder einer Depression ist kaum zu überschätzen). Und selbst wenn Sie dies alles (noch) schaffen, dann geht Ihr Erfolg auf Kosten Ihrer Zufriedenheit in anderen Lebensbereichen. Die häufigsten Klagen erfolgreicher narzisstischer Menschen lauten:

- *»Für Freunde bleibt mir kaum noch Zeit.«*
- *»Meine Frau hat sich von mir getrennt, weil sie sich an meiner Seite einsam gefühlt hat.«*
- *»Wenn ich mal freie Zeit habe, weiß ich nichts mit mir anzufangen.«*
- *»Ich bekomme gar nicht mit, wie meine Kinder groß werden.«*
- …

Frage
Welchen Preis müssen Sie für die Erfüllung Ihrer Ansprüche zahlen? Was entbehren Sie?

Info
Häufig kommen narzisstische Menschen erst ab einem gewissen Alter zum Psychotherapeuten. Als junge Menschen können sie nämlich Misserfolge und Trennungen noch mit ihren Fantasien von zukünftigem Erfolg, Ruhm, Macht und idealer Liebe beiseitedrängen. Doch je älter sie werden, desto weniger taugen ihre Zukunftsfantasien zu ihrer Beruhigung, denn ihre Träume von einer grandiosen Zukunft werden immer unrealistischer und das Leiden an Trennungen, Misserfolgen und nicht erreichten Zielen wird immer größer. Dies kann die Bereitschaft wachsen lassen, sich professionelle Hilfe zu holen.

Viele narzisstische Menschen haben allerdings derart hohe Ansprüche, dass sie diesen in den seltensten Fällen gerecht werden können. Sei es, weil diese unerreichbar sind (wie zum Beispiel der Traum, Popstar, Profifußballspieler, Stararchitekt, Politiker oder Millionär zu werden), sei es, weil sie die erforderliche Arbeitsleistung nicht erbringen können. Dann tut sich eine immer größer werdende Lücke zwischen ihrem überhöhten Selbstbild und ihren Ansprüchen einerseits und ihren realen Erfolgen andererseits auf. Trotz aller Arbeit werden sie ihren hohen Ansprüchen immer weniger gerecht oder verlieren sogar ihre Arbeit, ohne jedoch eine Neuanstellung zu finden, die ihren Ansprüchen genügt. Dieses Auseinanderklaffen zwischen überhöhtem Selbstbild bzw. unrealistischen Ansprüchen und den realen Leistungen bzw. Erfolgen wird als Versagen erlebt, was auf Dauer sehr belastend und demotivierend ist. Nicht wenige erfolglose Menschen sind an ihren übertrieben hohen Ansprüchen gescheitert.

Dieser Zusammenhang zwischen Anspruch und Selbstwert bzw. Zufriedenheit kann mit der folgenden Formel zum Ausdruck gebracht werden:

$$\text{Selbstwert (bzw. Zufriedenheit)} = \frac{\text{Leistung (Erfolg)}}{\text{Anspruch}}$$

Schauen wir uns diese Formel und deren praktische Auswirkung auf den Selbstwert bzw. die Zufriedenheit einmal näher an. Wenn Sie ein eher bescheidener Mensch sind und weder an sich noch an Ihre Umwelt sehr hohe Ansprüche stellen, dann werden Sie mit wenig Erfolg bereits sehr zufrieden sein. Wenn Sie jedoch mit sehr hohen Ansprüchen durchs Leben gehen, dann müssen Sie extrem viel Erfolg haben, damit Sie mit sich auch nur einigermaßen zufrieden sein können. Menschen mit einem geringen Anspruch und nur wenigen Erfolgen sind also genauso zufrieden, wie andere es bei einem hohen Anspruch und sehr viel Erfolg sind. Fazit: Je höher Ihre Ansprüche an sich selbst und Ihre Leistungen sind, desto schwieriger und anstrengender wird es für Sie, mit sich zufrieden zu sein. Sind Ihre Ansprüche definitiv unrealistisch hoch, dann werden Sie niemals wirklich zufrieden sein können.

Beispiel

Georg beschreibt seine frühere Idee eines idealen Lebens wie folgt: *»Ich werde extrem erfolgreich sein, reich, gern gesehen in den besseren Kreisen und eine Frau haben, um die mich alle beneiden!«* Doch mit Ende 30 sieht sein Leben leider anders aus: *»Ich bin auf der Stufe eines Abteilungsleiters hängengeblieben, obwohl ich mich echt reingehängt habe. Irgendwann konnte ich einfach nicht mehr und bin mit einem Burnout in eine Klinik gegangen. Danach habe ich noch einmal versucht, in einer anderen Firma den nächsten Schritt auf der Karriereleiter zu machen, aber das hat nicht geklappt. Jetzt arbeite ich als stinknormaler Angestellter…«*

Wenn die geschilderten Probleme so oder so ähnlich auch auf Sie zutreffen, dann lautet der einzig sinnvolle Schluss, dass sie von Ihren hohen Ansprüchen etwas abrücken sollten. Natürlich sollen Sie Ihre Ansprüche nicht gänzlich aufgeben, denn bis zu einem gewissen Grad sind diese ja berechtigt und eine wichtige Motivation in Ihrem Leben. Auch hier gilt die 80:20-Regel (► Seite 53).

Info

Alle Glücksphilosophien teilen die Auffassung, dass Glück (welches wir hier mit Zufriedenheit übersetzen) nicht dadurch zu erreichen ist, indem man nach immer mehr Erfolg, Macht oder Reichtum strebt. Im Gegenteil, alle diese Philosophien raten dazu, die eigenen Ansprüche zu senken und weniger erreichen zu wollen.

Doch wann sind wir Menschen bereit, von Ansprüchen und Zielen abzurücken, die wir bislang nicht in Frage gestellt haben? Meist nur dann, wenn diese uns daran hindern, etwas anderes, das uns wichtiger ist, zu erreichen. Diese Ziele könnten auch bei Ihnen beispielsweise Gesundheit, eine funktionierende Partnerschaft, die Pflege von Freundschaften, Interessen und Hobbies und schließlich eine allgemeine Zufriedenheit mit sich und Ihrem Leben sein.

Frage
Was ist Ihnen wichtiger als die 100%ige Erfüllung Ihrer hohen Ansprüche?

Haben Sie eine positive Auswahl getroffen? Dann fragen Sie sich, wie wahrscheinlich Sie Ihr neues Ziel erreichen werden, wenn Sie an Ihrem grandiosen Selbst und dessen Ansprüchen keine Abstriche machen. Können Sie Ihre Gesundheit verbessern, wenn Sie weiterhin alles auf die berufliche Karte setzen? Können Sie die Beziehung zu Ihrer Partnerin verbessern, wenn Sie weiterhin nur auf sich fokussiert sind und ihr wenig Aufmerksamkeit und Verständnis entgegenbringen? Können Sie zufriedener sein, wenn Sie keine eigenen Interessen bzw. Hobbies verfolgen, weil Sie nur interessiert, womit Sie sich vor den anderen Menschen produzieren können? Sie werden diese neuen Ziele nur erreichen können, wenn Sie dafür etwas von Ihrem grandiosen Selbst und Ihren Ansprüchen hergeben.

Info
Vielleicht ist hierzu die Vorstellung hilfreich, dass die Befriedigung Ihrer narzisstischen Bedürfnisse (Anerkennung, Bewunderung) nur eine Ersatzbefriedigung für Ihre bislang vernachlässigten Bedürfnisse nach einer stabilen Beziehung, nach Gesundheit und Lebenszufriedenheit ist. Und vielleicht ist es deswegen an der Zeit, sich nicht länger mit all den Ersatzhandlungen zufrieden zu geben, die Ihnen Ihr grandioses Selbst vorgibt, sondern sich um Ihre eigentlichen Bedürfnisse zu kümmern!

Umgang mit den anderen Menschen

Was andere Menschen von Ihrem grandiosen Selbst mitbekommen, ist Ihr selbstgefälliges, egoistisches, angeberisches, herablassendes oder abwertendes Verhalten. Dieses Verhalten gilt es zu verändern, um Ihre Beziehung zu anderen Menschen zu verbessern. Und hierbei geht es darum, wie Sie Ihre Kontakte gestalten, insbesondere wie Sie mit anderen Menschen kommunizieren.

Frage
Glauben Sie, dass andere Menschen sich von Ihnen im Gespräch geschätzt, respektiert, verstanden, akzeptiert, unterstützt fühlen?

Wir wissen natürlich nicht, was Sie konkret an Ihrer Art der Kommunikation verbessern können, und vielleicht ist dies auch Ihnen selbst noch nicht so recht klar. Deswegen wollen wir Ihnen noch einmal Beispiele für typische Verhaltensweisen narzisstischer Menschen im Gespräch mit anderen Menschen geben:

- Sie bringen anderen Menschen kein spürbares Interesse entgegen.
- In Gesprächen hören sie selten zu und reden stattdessen die meiste Zeit von sich selbst.

- Sie stellen keine Rückfragen.
- Sie fallen den anderen ins Wort.
- Sie beachten und würdigen die Leistungen anderer Menschen kaum.
- Sie müssen ständig zeigen, dass sie etwas besser wissen oder besser können.
- Sie lassen die Meinungen oder Wünsche anderer nicht gelten, sondern wollen immer ihre eigenen Ansichten durchsetzen.
- Sie werden schnell laut, wenn man ihnen widerspricht.
- …

Manchmal bilden unser Verhalten und dessen Wirkung auf andere jedoch einen blinden Fleck in unserer Selbstwahrnehmung. Deshalb kann es hilfreich sein, Ihre Partnerin oder einen sehr guten Freund oder eine sehr gute Freundin hierzu zu befragen (wie wir es bereits in ▸ Kapitel 8 vorgeschlagen haben). Hierzu bieten sich die folgenden Fragen an:

- *»Was fällt Dir an meiner Art des Umgangs mit Dir/mit anderen Menschen auf?«*
- *»Habe ich Eigenschaften an mir oder mache ich etwas, das für Dich frustrierend oder ärgerlich ist?«*
- *»Gibt es etwas, das die meisten Menschen im Umgang miteinander tun, ich aber nicht mache?«*
- *»In welchen Situationen fühlst Du Dich unwohl mit mir?«*
- …

Beispiel

Typisch für das Kommunikationsverhalten narzisstischer Menschen ist der folgende Dialog (A ist hierbei die narzisstische Person und B ein Freund):

B: *»Ich bin neulich für drei Wochen mit dem Rucksack durch Indien gereist.«*
A: *»Da würde ich nie hinfahren. Ist mir zu gefährlich ... Krankheiten, Du weißt schon. Aber ich war neulich in Südafrika! Whow, das war wirklich eine tolle Reise! Eine unfassbar geniale Landschaft, tolles Essen und wirklich exzellente Weine haben die dort. Ich kenne mich ja nun wirklich gut mit Weinen aus, schließlich habe ich ja einige Jahre in Frankreich gelebt, und ich kann die Weinproben nicht zählen, die ich dort mitgemacht habe. Aber dass Südafrika so exzellente Weine herstellt, das war mir neu!«*
B: *»Hmm, interessant, das wusste ich auch noch nicht. Indien hat zwar keine Weine, aber ich war vollkommen fasziniert von der Landschaft und der Kultur.«*
A: *»Da musst Du mal eine Safari in Südafrika machen, da hast Du nicht nur eine irre Landschaft, sondern kannst auch die Tiere live sehen, die Du sonst nur aus dem Fernsehen kennst! Außerdem hast Du einen traumhaften Strand an der Atlantikküste, so etwas hast Du noch nie gesehen!«*
A: *»Interessante Tiere gibt es in Indien auch. Ich habe zum ersten Mal Elefanten gesehen.«*
B: *»Elefanten finde ich nicht so interessant, die kennt man doch aus dem Zoo! Aber bist Du schon mal in einem Boot sitzend von einem Nilpferd verfolgt worden? Nein? Also pass auf, das war so ...«*
Den weiteren Verlauf des Gespräches können Sie sich sicherlich gut vorstellen ...
Eine Kurzform dieser sehr einseitigen Art der Kommunikation, mit der Sie mindestens genauso deutlich Ihr Desinteresse an Ihrem Gegenüber signalisieren können, sieht so aus:
B: *»Ich war gerade in Indien für drei Wochen ...«*
A: *»Kennst Du Indonesien? Also da war ich letztes Jahr für drei Wochen!«*

Jetzt wollen wir Ihnen eine Reihe von Verhaltensweisen in der Kommunikation mit anderen Menschen vorstellen, die hilfreich sein können, damit sich Ihr Gegenüber von Ihnen mehr beachtet und geschätzt fühlt. Die hier vorgestellten Verhaltensweisen erheben natürlich keinen Anspruch auf Vollständigkeit, aber sie zu trainieren ist sicherlich ein sehr guter Start, um Ihre Beziehungen spürbar zu verbessern.

Info
Eine ideale Gesprächssituation können Sie daran erkennen, dass Geben und Nehmen auf beiden Seiten ausgeglichen sind. Die im Folgenden genannten Strategien zur Gesprächsführung zielen allesamt darauf ab, dass Sie lernen, genauso viel zu geben, wie zu nehmen (etwa Aufmerksamkeit, Interesse oder Lob).

Zuhören

Es gibt kaum etwas, das wir als so angenehm empfinden, wie die Augenblicke, in denen uns jemand wirklich zuhört. Hierzu müssen Sie grundsätzlich nicht viel tun, im Gegenteil: Versuchen Sie einfach nur den Ausführungen des anderen zu folgen, ab und an mit dem Kopf zu nicken, und *»Aha«*, *»Ich verstehe«* oder einfach *»OK«* zu sagen. Darüber hinaus können Sie das sogenannte *aktive Zuhören* trainieren. Ein aktives Zuhören besteht darin, im Gespräch immer wieder interessiert nachzufragen, um Ihr Gegenüber besser zu verstehen. Diese Form des Zuhörens bremst zum einen Ihren Drang, von sich selbst zu erzählen, bzw. den Fokus auf sich zu lenken. Zum anderen werden Sie den anderen besser kennenlernen, wenn Sie ihn auffordern, mehr von sich zu berichten. Sie stellen also gezielte Fragen in Bezug auf das, was er Ihnen erzählt (wechseln Sie dabei mit Ihrer Frage aber nicht das Thema, um möglicherweise damit das Gespräch in Ihre Richtung zu lenken). Beispiele für ein aktives Zuhören sind die folgenden Fragen:

- *»Wie ging es Dir, als Du das Gespräch mit Deinem Chef hattest?«*

- *»Das hat Dich gefreut, oder?«*
- *»Was meinst Du damit, dass Du dich komisch gefühlt hast? Kannst Du das erklären?«*
- *»Was hat Dich an der Situation so frustriert?«*
- *»Erzähl noch mal genauer, was Du da erlebt hast!«*
- …

Nehmen Sie sich doch für die nächsten Gespräche einmal vor, Ihrem Gegenüber immer erst fünf Fragen zu stellen, bevor Sie etwas von sich erzählen.

Interesse zeigen

Jeder Mensch braucht Wertschätzung, jeder möchte sich im Gespräch als wichtig und interessant erleben können, jeder Mensch möchte auf seine Art etwas Besonderes sein. Sie müssten eigentlich besonders gut wissen, wie gut es tut, wenn man Ihnen ein spürbares Interesse entgegenbringt. Also ist die Fähigkeit, im Gespräch aktiv Interesse zu zeigen, auch für Sie von Bedeutung, wenn Sie den Kontakt zu Ihrer Partnerin und anderen Menschen positiver gestalten wollen. Aber woran kann man ein echtes Interesse erkennen? Wohl weniger daran, dass jemand viel von sich erzählt, sondern vielmehr daran, dass er genau zuhört und gezielte Fragen stellt.

> **Beispiel**
> B: *»Ich bin neulich für drei Wochen mit dem Rucksack durch Indien gereist.«*
> A: *»Wirklich? Wo bist Du denn überall gewesen?«*
> B: *»Zuerst war ich in Mumbai und von dort bin ich über Goa nach Bangalore gefahren.«*
> A: *»Von Goa habe ich schon viel gehört, da muss es wunderschön sein!«*

B: *»Ja, wirklich traumhafte Strände und man kann in kleinen Hotels total billig wohnen.«*
A: *»Wie schaffst Du es eigentlich, in solchen Orten so schnell eine gute Unterkunft zu finden, ohne dass Du vorher ein Hotel gebucht hast?«*
B: *»Das ist gar nicht so schwer. Du triffst ja überall andere Rucksacktouristen und von denen bekommst Du dann schon die richtigen Infos.«*
A: *»Ist ja klasse! So etwas habe ich noch nie gemacht. Und das klappt immer?«*
...

Frage
Stellen Sie sich vor, dass ein Freund von seinem neuen Arbeitsplatz erzählt. Wie viele interessierte Rückfragen fallen Ihnen hierzu ein?

Vielleicht werden Sie jetzt denken: *»Aber ich spüre gar kein Interesse an anderen Menschen!«* Das wäre nicht weiter verwunderlich, denn Sie haben sich ja bislang überwiegend auf sich selbst konzentriert. Doch von alleine wird sich bei Ihnen ein Interesse an anderen Menschen kaum entwickeln. Daran müssen Sie vielmehr bewusst und gezielt arbeiten. Voraussetzung hierfür ist natürlich, dass Sie überhaupt erst einen Sinn darin sehen, sich für Ihre Partnerin bzw. andere Menschen zu interessieren. Sollten Sie hier mit Nein antworten, darin also keinen Sinn sehen, dann sollten Sie sich fragen, ob Sie wirklich einen Wunsch nach Veränderung haben? Ist dieser Wunsch nach Veränderung bei Ihnen aber vorhanden, nach dem Motto: *»Ich spüre da einfach kein Interesse, aber ich würde gerne ein wirkliches Interesse für meine Freundin aufbringen können«*, dann sollten Sie nicht warten, bis das Interesse von alleine kommt (was es in der Regel nicht tut). Hier hilft zunächst das so Tun-Als-Ob, was bedeutet, dass Sie sich bewusst vornehmen, Interesse zu zeigen, indem Sie entsprechende Fragen stellen (vielleicht sogar solche, die Sie sich vorher schon zurechtgelegt haben?). Wenn Sie es auf die beschriebene Art und Weise schaffen, ein Gespräch in Gang zu halten, in einen wirklichen Austausch kommen, dann werden Sie mit großer Wahrscheinlichkeit erleben, wie Sie Stück für Stück Interesse an Ihrer Partnerin bzw. Ihren Freunden entwickeln. Diese werden Ihnen nämlich mehr und mehr von sich erzählen und Sie werden auf einmal Dinge erfahren, die Sie vorher nicht wussten. Außerdem wird Ihre Partnerin auch Ihnen wiederum mehr Interesse entgegenbringen.

Loben

Vielleicht fällt es Ihnen schwer, dem Drang zu widerstehen, andere Menschen im Gespräch zu übertrumpfen oder gar zu kritisieren, und diese stattdessen bewusst zu loben. Um ein Lob aussprechen zu können, müssen Sie natürlich aufmerksam zuhören, um lobenswerte Eigenschaften oder Handlungen Ihres Gegenübers zu bemerken. Leider fällt uns allen das Kritisieren leichter als das Loben, aber Sie werden nach einer gewissen Zeit des Bemühens feststellen, dass es immer etwas Positives an einem anderen Menschen gibt, das Sie herausstellen können.

Beispiel

B: *»Ich bin neulich für drei Wochen mit dem Rucksack durch Indien gereist.«*

A: *»Wirklich? Ganz alleine?«*

B: *»Ja, ohne Reisegesellschaft. Ich bin mit den dortigen Bahnen und Bussen kreuz und quer durch das Land gefahren.«*

A: *»Das finde ich wirklich mutig!«*
B: *»Nein, so gefährlich ist es dort wirklich nicht. Im Gegenteil, die Leute sind sehr gastfreundlich und offen gegenüber Ausländern.«*
A: *»Ich finde es aber toll, dass Du so ganz ohne Führung alleine durch das Land gereist bist. Das war sicherlich eine Herausforderung!«*

Von eigenen Schwächen bzw. Problemen berichten und um Hilfe bitten

Wenn Sie anderen Menschen fortlaufend nur Ihre Stärken, Erfolge und Vorteile präsentieren, dann werden sich diese zunehmend unter Druck gesetzt fühlen. Wer will einem so perfekten Menschen gegenüber schon die eigenen Mittelmäßigkeiten, Probleme oder sogar Schwächen offenbaren? Wenn Sie aber eine größere Nähe zu Ihrer Partnerin oder anderen Menschen wünschen, vielleicht sogar den Wunsch nach mehr Geborgenheit haben, dann kommen Sie nicht umhin, wohl dosiert auch mal über Ihre eigenen, nicht ganz so perfekten Seiten zu sprechen. Hierbei geht es wohl gemerkt nicht darum, tiefe Selbstzweifel zu offenbaren oder sich selbst abzuwerten und schlecht zu machen. Vielmehr geht es um das Eingeständnis ganz alltäglicher menschlicher Schwächen und Probleme, so wie dies auch andere Menschen tun. Auch hierzu wollen wir Ihnen einige Alltagsbeispiele geben:

- *»Tut mir leid, aber ich habe total vergessen, Dich anzurufen.«*
- *»Mit meinem Klavierspiel ist es nicht mehr weit her. Ich kann mich nicht zum Üben aufraffen und klimpere nur noch vor mich hin.«*
- *»Du joggst wirklich drei Mal in der Woche? Toll, ich habe mir das immer vorgenommen, es aber nie hinbe-*

kommen. Wie machst Du das bei Deiner ganzen Arbeit?«

- *»Kannst Du mir mal bei dem Computerprogramm helfen? Ich kapiere nicht, wie das funktioniert!«*
- *»Ich beneide Menschen, die ein gutes Gedächtnis haben. Ich muss mir viele Sachen aufschreiben, um sie nicht zu vergessen.«*

Wahrscheinlich fällt es Ihnen nicht leicht, über Ihre Schwächen und Probleme zu sprechen. Und darüber hinaus auch noch nach Hilfe zu fragen, ist sicherlich keine leichte Übung. Aber wenn Ihre Stärke alleinig darauf beruht, perfekt, überlegen, einmalig zu sein, dann ist Ihre Stärke ein sehr wackeliges Gerüst. Stärke im Sinne eines gesunden Selbstwertgefühls und Selbstbewusstseins besteht nämlich insbesondere darin, seine Schwächen zu akzeptieren und mit diesen zu leben. Doch wie lernt man, seine Schwächen zu akzeptieren? Leider nicht dadurch, dass man sie vor den Augen der anderen versteckt. Vielmehr besteht das Geheimnis darin, zu seinen normalen menschlichen Schwächen und Misserfolgen stehen und sie anderen Menschen auch zeigen zu können. Wenn Sie dies Stück für Stück immer wieder ausprobieren, werden Sie nämlich mit großer Wahrscheinlichkeit die Erfahrung machen, dass nichts Schlimmes passiert. Im Gegenteil, es macht Sie in den Augen der anderen deutlich sympathischer. Ihr offener Umgang mit Ihren Fehlern und Schwächen hat übrigens noch einen weiteren großen Vorteil, denn nach einer anfänglichen Eingewöhnungsphase wird es Sie enorm entlasten, nicht mehr unter einem so starken selbstgemachten Erfolgs- und Perfektionsdruck zu stehen.

Beispiel
B: *»Ich bin neulich für drei Wochen mit dem Rucksack durch Indien gereist.«*
A: *»Wirklich? Das würde ich mir nicht zutrauen. So ganz alleine und dann noch in einem komplett fremden Land.«*
B: *»Hast Du das noch nie gemacht?«*
A: *»Nein, ehrlich gesagt muss ich bei Reisen in derart fremde Länder vorab genau wissen, wie die Reise genau ablaufen wird. Wenn ich diese Kontrolle nicht habe, macht mich das total unruhig.«*
B: *»Ach, das kannst Du auch! Du musst das einfach mal probieren. Ich hatte beim ersten Mal auch Respekt davor, aber dann lief es total gut.«*
A: *»Hmm, glaubst Du? Erzähl mal, wie Du so eine Reise angehst. Vielleicht wäre das ja doch auch mal was für mich.«*

Sich entschuldigen

Wir alle machen Fehler und wir alle verhalten uns manchmal auch ohne bösen Willen gegenüber anderen Menschen so, dass diese sich unverstanden oder verletzt fühlen. Dies können wir nicht ändern, so sehr wir es auch anstreben. Was wir aber ändern können, ist unser Umgang mit der Situation, wenn wir einen anderen Menschen verletzt haben. Anstatt darüber hinwegzugehen, können wir nämlich das tun, was uns allen schwerfällt: Uns entschuldigen.

Frage
Wann haben Sie sich zum letzten Mal aufrichtig entschuldigt?

Natürlich ist eine Entschuldigung immer dann angebracht, wenn Sie gewissermaßen fahrlässig jemanden enttäuscht oder verletzt haben. So zum Beispiel, wenn Sie sich zu kritisch oder gar abwertend verhalten haben. Oder wenn Sie erst gegen 21 Uhr nach Hause kommen und überrascht feststellen müssen, dass Sie Ihrer Partnerin versprochen hatten, an dem Abend einzukaufen und für das Abendessen zu sorgen. Insbesondere in der Partnerschaft gibt es aber auch viele Situationen, in denen einer von beiden sich missverstanden, übergangen oder abgewertet fühlt, ohne dass man von einem schuldhaften Verhalten des anderen sprechen kann. Auch in diesen Fällen wird man viel zur Verbesserung der Partnerschaft beitragen, wenn man trotz fehlender Schuld ein Signal des Bedauerns gibt. Hier einige Beispiele, was Sie in solchen Situationen sagen können:

- *»Es tut mir leid, ich wollte Dich nicht verletzen.«*
- *»Wenn das so bei Dir angekommen ist, dann tut es mir leid.«*
- *»Das war wirklich nicht so gemeint, tut mir leid.«*
- *»Ich kann nachvollziehen, dass Dich das gestört hat.«*

Die Arbeit an Ihrem verletzlichen Ich (Vulnerabilität)

Vielleicht wird Ihnen zu Recht vorgeworfen, dass Ihr Umgang mit anderen Menschen fordernd, kritisch, abwertend und verletzend sei. Aber nur die Wenigsten wissen, dass Sie genauso mit sich selbst umgehen. Dass Sie sich selbst häufig kritisieren, abwerten, manchmal sogar beschimpfen, sich selbst unter enorm hohen Druck setzen und insgeheim gar nicht so sehr von sich selbst überzeugt und mit sich zufrieden sind, wie Sie es nach außen vorgeben. Deswegen ist nicht nur Ihre Beziehung zu anderen Menschen verbesserungsbedürftig, sondern genauso Ihre Beziehung zu Ihnen selbst!

Jeder Mensch erlebt und beobachtet sich selbst und reagiert hierauf sowohl mit bewertenden Gedanken (häufig in Form einer inneren Stimme) als auch mit den entsprechenden Gefühlen. Hat man zum Beispiel etwas gut hinbekommen, dann sagt die innere Stimme vielleicht: »*Das hast Du echt gut gemacht!*«, und man fühlt sich stolz und zufrieden. Wenn man jedoch sehr streng mit sich selbst ist und sich ständig innerlich kritisiert, dann hat das ziemlich genau den gegenteiligen Effekt. Unterläuft einem beispielsweise ein Fehler, so macht man sich lange Zeit dafür Vorwürfe, die bis hin zur Selbstabwertung reichen können. Die innere Stimme sagt dann vielleicht Sätze wie: »*Ich bin ein Versager!*« oder »*Wie kann man nur so bescheuert sein!*« Diese Vorwürfe lösen Gefühle wie Scham oder Schuld aus, die sehr belastend sind und verletzbar machen. Nur wenn man sich seine eigenen Schwächen und Fehler auch verzeihen kann, akzeptierend und positiv mit sich umzugehen weiß, und sich selbst in schwierigen Situationen gut zureden kann, wird man zufrieden mit sich sein. Auf einen Fehler wird man dann vielleicht mit den folgenden inneren Sätzen reagieren: »*Kann ja nicht immer alles auf Anhieb klappen. Beim nächsten Mal mache ich es besser!*«

> **Frage**
> Mögen und akzeptieren Sie sich eigentlich selbst? Sind Sie mit sich zufrieden?

Es ist der verborgene vulnerable Teil Ihrer Persönlichkeit, Ihr eigentlich geringes Selbstwertgefühl, das Sie dazu zwingt, sich durch Aufmerksamkeit, Anerkennung und Bewunderung von außen Selbstwert zu beschaffen. Stellen Sie sich Ihren Selbstwert wie einen Wasserstand in einer Regentonne vor, die sich trotz vieler Regentropfen, die für die Anerkennung und Bewunderung anderer Menschen stehen, nicht füllen kann, weil sich tief unten in Ihrer Selbstwerttonne ein Leck befindet, aus dem diese Regentropfen ständig wieder abfließen. Dieses Leck ist Ihr vulnerables Selbst.

An Ihrer verletzlichen Seite zu arbeiten bedeutet, eine positive, akzeptierende und fürsorgliche Haltung zu sich selbst zu entwickeln. Sie müssen also lernen, mit sich selbst besser umzugehen, und das ist mindestens genauso wichtig, wie Ihren Umgang mit den Menschen in Ihrer Umgebung zu verbessern.

Info
Vielleicht ist Ihre verletzliche Seite sehr stark ausgeprägt. Dies merken Sie daran, dass Sie bei Kritik, Misserfolg, Beziehungsproblemen usw. sehr schnell negative Gefühle (u. a. Scham, Hilflosigkeit, Angst) erleben, unter Druck geraten, stark gekränkt reagieren, oder aber auch aggressiv werden. In diesem Fall sollten Sie sich ernsthaft überlegen, hieran mit einem Psychotherapeuten zu arbeiten.

Korrektur der Selbstabwertung

Sie sollten also lernen, weniger anspruchsvoll und kritisch, sondern akzeptierender, nachsichtiger und freundlicher mit sich zu sein. Dies beinhaltet auch, dass Sie besser für sich selbst sorgen können. Eine gute *Selbstfürsorge* können Sie durchaus erlernen und damit Ihr vulnerables Selbst stärken. Hierzu müssen Sie zunächst alle inneren Quellen identifizieren, die für Ihre überhöhten Ansprüche verantwortlich sind, mit denen Sie tagtäglich Druck auf sich selbst ausüben. Beispiele hierfür sind Gedanken wie:

- *»Ich darf keine Schwäche zeigen!«*
- *»Ich muss immer besser als die anderen sein!«*

- *»Ich muss alles tun, um erfolgreich zu sein!«*
- *»Ich darf mich nicht ausruhen!«*
- *»Ich bin ein Loser, wenn ich nicht der Beste bin!«*

Nehmen Sie sich Zeit und versuchen Sie den übertriebenen Ansprüchen, die Sie an sich selbst stellen, auf die Spur zu kommen. Wenn Sie das erfolgreich getan haben, dann notieren Sie sich bitte die entsprechenden Sätze auf ▸ Arbeitsblatt 6.

Arbeitsblatt 6 Meine übertriebenen Ansprüche an mich selbst

Meine übertriebenen Ansprüche an mich selbst sind
•
•
•
•
•
•

Wenn Sie Ihre Ansprüche an sich selbst erkannt und aufgeschrieben haben, dann sollten Sie sich kritisch mit diesen auseinandersetzen. Natürlich haben diese Ansprüche bis zu einem gewissen Grad auch ihre positive Seite, doch wahrscheinlich überwiegen deren negative Auswirkungen. Um sich darüber im Klaren zu werden, kann es hilfreich sein, wenn Sie hierzu eine Pro-Contra-Liste (▸ Arbeitsblatt 7) anfertigen. Hierbei schreiben Sie alle positiven Aspekte eines konkreten Anspruches, den Sie an sich selbst stellen, auf die eine Seite (die Pro-Seite) und alle negativen Aspekte auf die andere Seite (die Contra-Seite).

Arbeitsblatt 7 Pro-Contra-Liste bezüglich hoher Ansprüche

Ansprüche an sich selbst	Pro	Contra
(Beispiel) Ich darf nie Schwäche zeigen und muss immer der Beste sein.	Andere werden Respekt vor mir haben. Ich kann mich gut durchsetzen.	Ich bin immer angespannt und gestresst. Ich muss häufig etwas vorgeben, was ich nicht bin. Ich werde zwar respektiert, aber nicht gemocht/geliebt.

Um Ihre überhöhten Ansprüche an sich selbst zu senken, sollten Sie sich bewusstmachen, aus welchem Grund Sie bisher an diesen hohen Ansprüchen festgehalten haben. Vermutlich beunruhigt Sie der Gedanke, was andere Menschen von Ihnen denken könnten und wie sie auf Sie reagieren würden, wenn Sie einmal eine Schwäche oder einfach nur Mittelmäßigkeit zeigen. Typische Annahmen narzisstischer Menschen hierzu sind:

- *»Nur wenn ich besonders bin, akzeptieren mich die anderen.«*
- *»Andere Menschen wollen mich klein machen.«*
- *»Wenn ich nicht stark bin, dann nutzen die anderen meine Schwächen aus.«*
- *»Die anderen machen sich lustig über mich, wenn ich ihnen dazu Anlass gebe.«*

Aus diesem Blickwinkel betrachtet, sind Ihre grandiosen Verhaltensweisen eine sinnvolle Verteidigung gegen Ihre angeblich feindlich gesinnte Umwelt. Doch vielleicht ist Ihre Umwelt Ihnen gegenüber gar nicht so feindlich gesinnt, wie Sie denken? Könnte es nicht sein, dass sich niemand über Sie lustig machen will? Dass Sie grundsätzlich akzeptiert werden? Vielleicht würden Sie von anderen Menschen sogar noch mehr akzeptiert und gemocht werden, wenn Sie einmal Ihre narzisstische Maske absetzen? Vielleicht würde es Sie in den Augen Ihrer Mitmenschen sogar liebenswerter machen, wenn Sie Schwächen zeigen könnten?

Beispiel
Angesprochen auf seine Vermutung, wie andere Menschen über ihn denken, antwortet Stephan: »*Ich gehe immer davon aus, dass die anderen sich irgendwie lustig über mich machen oder auf mir herumhacken könnten, wenn ich irgendeine Schwäche zeige.*« Als sein Therapeut ihn fragt, woher er das zu wissen glaube und wie wahrscheinlich eine solche Reaktion von Seiten seines Umfelds tatsächlich ist, antwortet Stephan: »*Wissen tue ich das nicht, aber dieser Gedanke war schon immer ganz tief in meinem Kopf drin.*«

Das größte Problem einer zu hohen Anspruchshaltung zeigt sich aber, wenn Sie Ihren eigenen Ansprüchen nicht mehr Genüge tun können, wenn Sie einen Misserfolg haben, eine Schwäche zeigen, wenn Sie einmal nicht der Beste sind. In solchen Situationen werden Sie vielleicht extrem selbstkritische oder gar selbstabwertende Gedanken haben, die manchmal sogar in Selbstbeschimpfungen ausarten können.
Beispiele für solche selbstabwertenden Gedanken sind:

- »*Ich bin ein Versager!*«
- »*Ich bin unfähig!*«

- *»Ich bin dumm!«*
- *»Ich werde nie gut genug sein!«*
- …

Vielleicht achten Sie im Alltag einmal vermehrt darauf, was sich in Ihnen abspielt, was Ihre innere Stimme über Sie selbst sagt, welcher Art Ihre negativen, selbstabwertenden Gedanken sind. Haben Sie solche selbstabwertenden Gedanken gefunden, dann notieren Sie diese bitte auf dem folgenden Arbeitsblatt (► Arbeitsblatt 8):

Arbeitsblatt 8 Meine selbstabwertenden Gedanken

Meine selbstabwertenden Gedanken sind
• • • • • •

Frage
Welche Gefühle kommen in Ihnen hoch, wenn Sie sich Ihre selbstabwertenden Gedanken laut vorlesen?

Wenn Sie sich das Ergebnis Ihrer Suche nach selbstkritischen Gedanken anschauen, dann wird Ihnen vielleicht klar, warum Sie soviel Aufmerksamkeit und Bewunderung von anderen Menschen brauchen. Manchmal ist es richtiggehend erschreckend, wie hart und abwertend narzisstische Menschen mit sich selbst ins Gericht gehen. Und solange Sie dem nichts entgegenzusetzen haben, wird auch Ihr Hunger nach Anerkennung und Bestätigung durch andere kaum zu stillen sein.

Machen Sie sich bitte an dieser Stelle bewusst, wie sehr diese selbstabwertenden Gedanken Sie unter Druck setzen, Sie eher demotivieren und bei Ihnen negative Gefühle auslösen. Und werden Sie sich bitte darüber im Klaren, dass Ihre abwertenden Gedanken keine zutreffende Aussage über Sie darstellen. Was immer Sie auch für menschliche Schwächen, Fehler, Unzulänglichkeiten haben sollten, das alles rechtfertigt keine Selbstabwertungen. Es wird für Sie von entscheidender Bedeutung sein, diese Selbstabwertungen als unzutreffend zu bewerten und innerlich zurückweisen zu können.

Beispiel

Für Tina war es eine typische Situation, als sie auf einem Businessmeeting ihr neues Projekt präsentierte. So exzellent ihre Präsentation war und so eloquent und professionell sie auf die Fragen ihrer Geschäftspartner antworten konnte, so war sie dennoch unzufrieden mit sich. Bei einer Frage wollte ihr der genaue Wert für eine Kostenberechnung nicht einfallen, und sie musste in ihren Unterlagen nachschauen. In der Therapie berichtet sie: *»Früher hätte ich mich tagelang damit beschäftigt, mir Selbstvorwürfe gemacht und mich selbst fertiggemacht. Doch mittlerweile kann ich mir meine negativen Gedanken anschauen und mir klarmachen, dass ich keine Versagerin bin und das Projekt nicht vermasselt habe. Das ist schon viel wert, denn damit komme ich aus dieser Negativspirale raus.«*

Wenn Sie Ihre selbstabwertenden Gedanken als weder zutreffend noch hilfreich betrachten können, sollten Sie in einem letzten Schritt nach Gedanken suchen, die angemessener und hilfreicher sind. Gedanken, die Ihnen guttun und Sie beruhigen. Solche grundsätzlichen Gedanken können beispielsweise lauten:

- *»Ich bin in Ordnung.«*

- *»So wie ich bin, bin ich ein liebenswerter Mensch.«*
- *»Jeder macht Fehler.«*
- *»Es tut mir nicht gut, wenn ich zu streng und anspruchsvoll mit mir bin.«*
- …

Solche positiven und selbstfürsorglichen Gedanken sollten Sie sich dann bewusst in solchen Situationen sagen, in denen Sie üblicherweise in Selbstkritik verfallen. Hierzu können Sie das folgende Arbeitsblatt (▸ Arbeitsblatt 9) verwenden:

Arbeitsblatt 9 Arbeit an selbstkritischen Gedanken

Problemsituation	Anspruch	Selbstkritischer Gedanke	Ist der Gedanke für mich hilfreich?	Angemessener und hilfreicher Gedanke
(Beispiel) Meine Freundin weiß besser über Politik Bescheid als ich.	Ich muss immer besser als die anderen sein!	Ich bin dumm und ungebildet!	Nein. Der Gedanke verunsichert mich eher und setzt mich unter Druck.	Manchmal bin ich schlauer als die anderen und manchmal nicht. Ich bin ok, so wie ich bin!

Wenn Sie Schwierigkeiten haben, solche positiven Sätze zu finden, dann stellen Sie sich die folgende Frage: *»Was könnte meine Partnerin oder mein bester Freund mir in dieser Situation sagen, was mir wirklich guttäte?«* So könnte ein guter Freund in einer Situation wie im Beispiel auf ▸ Arbeitsblatt 9 zu Ihnen sagen: »*Entspann Dich mal. Du bist wirklich intelligent genug. Genieß es doch, wenn Du eine so interessierte und intelligente Freundin hast!*«

Info
Wenn Sie jedoch unüberwindbare Schwierigkeiten haben, Ihre destruktiven Gedanken in Frage zu stellen und zu korrigieren, dann sollten Sie sich einen Psychotherapeuten zu Hilfe nehmen.

Das Interesse an sich selbst wiedergewinnen

Wie wir Ihnen ja bereits in ▸ Kapitel 5 erläutert haben, kann es sein, dass Sie sich nur für Dinge und Themen interessieren, mit deren Hilfe Sie bei anderen Menschen für Beachtung und Bewunderung sorgen können. So schnell Sie ein Interesse an etwas gewonnen haben, so schnell geht dies auch wieder verloren, sobald Sie hierfür keine öffentlichkeitswirksame Verwendung mehr haben. Wahrscheinlich fragen Sie sich viel häufiger »*Was kommt bei den anderen gut an?*«, als sich die viel wichtigere Frage zu stellen: »*Was gefällt mir eigentlich? Was interessiert mich wirklich?*« Wenn dem so ist, dann ist es kein Wunder, dass Sie eine innere Leere verspüren, denn Sie interessieren sich viel zu wenig für sich selbst! Das klingt wie ein Paradox, denn sind narzisstische Menschen nicht bekannt dafür, sich nur mit sich selbst zu beschäftigen und kaum Interesse an anderen zu haben? Das mag äußerlich so erscheinen, doch letztlich sind sie abhängig von anderen Menschen, ja sogar deren Sklaven, denn diese verfügen über das, was sie so dringend für ihr Selbstwertgefühl brauchen: Aufmerksamkeit, Anerkennung, Bewunderung. Und um das zu bekommen, vernachlässigen sie letztlich sich selbst.

Beispiel

Angesprochen auf seinen Umgang mit sich selbst, sagt Thomas: *»Ich? Ich bin doch eigentlich ein Niemand! Eigentlich weiß ich gar nicht, wer ich bin. Wenn Sie mich jetzt fragen* würden, *was mich wirklich interessiert, mich wirklich begeistert, dann müsste ich schon sehr lange nachdenken, um etwas zu finden. Ich bin eher wie ein Schauspieler, der in seiner Rolle aufgeht, solange er Applaus dafür bekommt. Wenn der Vorhang sich schließt, weiß ich eigentlich überhaupt nicht, was ich denken und fühlen soll.«*

Frage

Was für eine Tätigkeit oder welches Erleben macht Sie zufrieden, ohne dass Sie damit nach Überlegenheit und Bewunderung streben?

Ein solches Interesse für sich selbst, für Ihre inneren Motive, können Sie aber Schritt für Schritt erlernen. Und genau das sollten Sie unbedingt tun, wenn Sie eine innere Leere, Langeweile und Unzufriedenheit erleben.

Info

Genauso, wie Sie Ihr Einfühlungsvermögen und Verständnis für andere Menschen üben sollten, sollten Sie dies auch in Bezug auf sich selbst tun.

Halten Sie bitte Ausschau nach Interessen und Beschäftigungen, die Ihnen wirklich Spaß bringen und die Sie wirklich zufriedenstellen, ohne dass Sie hierzu notwendigerweise andere Menschen als Bewunderer brauchen. Vielleicht haben Sie Glück und Ihnen fällt sofort etwas ein, wie zum Beispiel:

- *»Ich habe schon immer gerne Sport gemacht.«*
- *»Eigentlich reise ich gerne.«*
- *»Ich interessiere mich für Geschichte.«*

- *»Bei Gartenarbeiten werde ich immer ganz ruhig.«*
- *»Fotografieren bringt mir Spaß.«*
- …

Was immer Sie auch für sich ausfindig machen, eine Sache sollte hierbei für Sie im Mittelpunkt stehen: zu genießen. Genuss ist die unmittelbare Freude an dem, was Sie tun, ohne dass hierbei der Gedanke an ein damit zu erreichendes Ziel im Vordergrund steht. Wenn Sie genießen, dann erleben Sie Ihre Tätigkeit nicht als Mittel zum Zweck, sondern als erfüllende Beschäftigung. Genießen kann man zum Beispiel das Zusammensein mit Freunden, einen Konzertbesuch, Gartenarbeit, Kochen, ein Buch zu lesen, Sport usw. Viele Menschen sagen, dass sie beim Genießen die Zeit vergessen und ganz in dem aufgehen, was sie gerade tun.

Info
Wenn es Ihnen schwerfällt, herauszufinden, was Sie interessieren könnte, dann denken Sie daran, was Sie früher gerne gemacht haben, im Laufe der Zeit aber vernachlässigt haben.

Tragen Sie das Ergebnis Ihres Nachdenkens nun in das folgende Arbeitsblatt (▸Arbeitsblatt 10) ein, das Ihnen als Gedankenstütze dienen soll:

Arbeitsblatt 10 Meine Interessen

Was interessiert mich und bringt mir wirklich Spaß?

-
-
-
-
-
-

Haben Sie etwas entdeckt, wofür Sie echtes Interesse oder sogar Leidenschaft aufbringen können, dann müssen Sie jedoch aufpassen, nicht in alte Gewohnheiten zu verfallen und es sich durch Ihre hohen Ansprüche oder den Drang nach Selbstdarstellung selbst zu verderben. Solche destruktiven Gedanken könnten lauten:

- *»Das bringt mir doch nichts!«*
- *»Wenn es niemand mitbekommt, dann hat das doch keinen Sinn!«*
- *»Ich bin doch darin mittelmäßig, was soll das dann?«*
- *»So gut wie Thomas werde ich nie fotografieren können!«*
- *»Für einen Marathon unter 3 Stunden bin ich zu alt.«*
- ...

Solche destruktiven Gedanken, welche fast immer etwas mit Konkurrenz und einem sozialen Vergleich zu tun haben, sollten Sie erkennen und selbstkritisch in Frage stellen. Es geht hier um Ihr persönliches Interesse, bei welchem Leistung und Gesehenwerden nicht die wichtigste Rolle spielen sollten. Das ist sicherlich nicht einfach für Sie, aber genau das ist an dieser Stelle der springende Punkt. Es geht darum, dass Sie etwas tun, was Ihnen wirklich Freude bereitet und wobei Sie Zufriedenheit empfinden können.

Beispiel

Reneé sah in allen Aktivitäten nur den Leistungsaspekt. »*Ohne Leistung bringt mir das doch nichts! Da fehlt mir der Sinn!*«, so seine beständige Aussage. Die Konsequenz seines Leistungsstrebens war jedoch ein Burnout, sodass er für mehrere Wochen krankgeschrieben werden musste. Mithilfe einer Psychotherapie erkannte er, wie wenig Zufriedenheit und innere Ruhe ihm seine Leistungsziele bisher gebracht hatten und wie sehr er unter der beständigen Anspannung mehr und mehr zu leiden begonnen hatte. Diese Einsicht verbunden mit den Folgen seines Burnouts half ihm, sich endlich mit der Frage nach seinen tatsächlichen, also nicht leistungsorientierten Interessen zu beschäftigen. Erst nachdem er längere Zeit mit der Suche nach einer Aktivität verbracht hatte, die ihm wirklich Freude bereiten könnte, fiel ihm ein, dass er sich eigentlich gerne in der Natur aufhielt. Er fing also an, sich mit seinem Garten zu beschäftigen und entwickelte über die Zeit hierfür eine richtige Leidenschaft. *»Immer, wenn ich im Garten arbeite, bin ich vollkommen ruhig und entspannt. Und auch wenn es blöd klingt, so freue ich mich wie ein Kind, wenn eine Blume aufgeht, die ich gepflanzt habe.«*

Natürlich kann es sich auch um Aktivitäten handeln, die man mit anderen Menschen verfolgt (zum Beispiel Mannschaftssport, Singen im Chor, Fotoclub usw.). Dann sollten Sie jedoch darauf achten, dass Sie nicht wieder in einen Leistungsvergleich mit den anderen Teilnehmern verfallen und beispielsweise versuchen, der Beste im Sportteam zu sein oder immer das preiswürdigste Foto im Fotoclub vorzustellen.

Wenn Sie etwas gefunden haben, dass Sie wirklich interessiert, dann müssen Sie sich Stück für Stück an diese neue Beschäftigung gewöhnen. Gerade am Anfang werden Sie mit großer Wahrscheinlichkeit Langeweile und Unruhe hierbei erleben, da Sie es einfach nicht gewohnt sind, sich mit etwas zu beschäftigen, das nicht unmittelbar der Selbstwerterhöhung dient. Mit der Zeit werden Sie jedoch den höchsteigenen Wert einer Beschäftigung, die Sie für sich selbst tun, erkennen: Ruhe und Zufriedenheit.

10 Professionelle Hilfe

Narzisstische Krisen

Vielleicht mag für Sie die Vorstellung, sich in eine Psychotherapie zu begeben, auf den ersten Blick eher abschreckend sein. Sollten Sie jedoch in eine Krise geraten, kann professionelle Hilfe unter Umständen lebensrettend sein. Typische Auslöser narzisstischer Krisen sind u. a.:

- Krise oder Ende einer Partnerschaft
- Statusverlust (zum Beispiel eine Verschlechterung der beruflichen Position oder der Verlust des Arbeitsplatzes)
- dramatische Verschlechterung der finanziellen Situation
- (öffentlicher) Misserfolg

Im Prinzip stellen diese Auslöser einen Bruch oder gar den Verlust der narzisstischen Fassade dar, was den vulnerablen Kern zum Vorschein bringt und mit massiven Schamgefühlen und einem unerträglichen Versagensgefühl einhergeht. Um sich von diesen extrem belastenden Schamgefühlen zu befreien, retten die Betroffenen sich oftmals in impulsive und unüberlegte Verhaltensweisen, wie zum Beispiel:

- übermäßiger Alkoholkonsum
- aggressives Verhalten
- riskantes Verhalten (z. B. rasantes Autofahren oder Trunkenheitsfahrt)
- Selbstaufgabe (z. B. Kündigung des Jobs)
- Kontaktabbruch zu nahestehenden Personen und sozialer Rückzug
- Suizidgedanken oder sogar Selbstmordversuch

Frage
Reagieren Sie auf Umstände wie die oben genannten (bspw. eine Krise oder das Ende einer Partnerschaft) impulsiv und destruktiv bzw. selbstzerstörerisch?

In solchen Krisen geht es vor allem darum, gefährliche Impulshandlungen wie insbesondere Suizidversuche zu verhindern. Hiermit sind Ihre Partnerin und Ihre Freunde jedoch überfordert, weshalb Sie eine sofortige professionelle psychotherapeutische Hilfe, auch Krisenintervention genannt, brauchen. Diese kann aus ambulanten Gesprächen mit einem Psychiater oder Psychotherapeuten oder in einer kurzzeitigen stationären Aufnahme in einer psychiatrischen oder psychosomatischen Klinik bestehen. In der Kurzzeitpsychotherapie hilft ein Therapeut Ihnen, das Geschehen distanzierter und nüchterner zu betrachten, sodass Sie Stück für Stück die Kontrolle über ihr Leben zurückgewinnen können. Tiefergreifende Veränderungen, beispielsweise die Arbeit an den überhöhten Ansprüchen oder an problematischen Verhaltensweisen, spielen dabei zunächst keine Rolle. Es geht vielmehr darum, dass Sie in der Krise wieder zu der überlegenen und rationalen Haltung zurückfinden, die ja eigentlich typisch für Sie ist, und mit der Sie sich sicher fühlen. Betrachten Sie die kurzzeitige Arbeit mit dem Therapeuten also eher als eine Art Coaching oder Hilfe zur Selbsthilfe, bei der es darum geht, Sie wieder handlungsfähig zu machen.

Wenn eine Beziehungskrise als Auslöser vorliegt, kann es hilfreich sein, bereits im Verlauf der Krisenintervention mit Unterstützung des Therapeuten ein Paargespräch zu führen. Dies kann sowohl für Sie als auch Ihre Partnerin sehr entlastend sein und auf beiden Seiten zu mehr Verständnis für die Situation des jeweils anderen beitragen.

Auch der Ausblick auf mögliche langfristige psychotherapeutische Veränderungsperspektiven kann die angespannte Paarbeziehung entlasten.

Psychotherapie

Wenn Sie unter den Folgen Ihrer narzisstischen Denk-, Empfindens- und Verhaltensweisen leiden und mithilfe der oben vorgeschlagenen Strategien keine Veränderung erreichen konnten, kann eine längerfristige Psychotherapie sehr hilfreich sein. Für viele narzisstische Menschen ist jedoch die Idee, sich an einen Psychotherapeuten zu wenden, naturgemäß unangenehm. Um Hilfe bitten? Über Probleme sprechen? Sich einer anderen Person anvertrauen? Dies sind nur einige der Fragen, die wahrscheinlich auch bei Ihnen auftauchen und die Sie an der Option, eine Psychotherapie zu beginnen, zweifeln lassen. Und diese Zweifel sind nicht aus der Luft gegriffen, denn sich von einem Psychotherapeuten helfen zu lassen, durchkreuzt wahrscheinlich so ziemlich jede Vorstellung davon, wie Sie von anderen gesehen werden wollen (nämlich überlegen, stark, kompetent und unabhängig).

Frage
Wie schwer würde es Ihnen fallen, die Hilfe eines Psychotherapeuten in Anspruch zu nehmen?

Doch eben diese Schwierigkeit zu überwinden, sich einem anderen Menschen gegenüber zu öffnen und über die eigenen Zweifel und Schwächen zu sprechen, kann eine der wichtigsten Erfahrungen für Sie in der Psychotherapie und eine Wende in Ihrem Umgang mit anderen Menschen sein.

Beispiel

Befragt, was denn für ihn zu den wichtigsten Erfahrungen in seiner Psychotherapie gehörte, antwortet Christian: *»Dass ich mal mit einem anderen Menschen über all die Dinge sprechen konnte, die ich sonst für mich behalte. Und zu merken, wie entlastend es sein kann, wenn mich jemand versteht, besonders in Bezug auf die Dinge, die ich immer als Schwäche verbucht hatte.«*

In der Regel beginnt eine Psychotherapie mit einigen sogenannten probatorischen Psychotherapiestunden, die ca. 4–5 Stunden umfassen. Hier versuchen Sie gemeinsam mit dem Psychotherapeuten Ihr Problem zu verstehen und Ihre Ziele für die Therapie zu erarbeiten. Außerdem ist es die Gelegenheit für Sie, den Therapeuten kennenzulernen und zu entscheiden, ob die Chemie zwischen Ihnen stimmt.

Neben der Person des Therapeuten ist ein weiterer wichtiger Aspekt das jeweilige Therapieverfahren. Ob Sie eine kognitive Verhaltenstherapie, eine Schematherapie, eine tiefenpsychologisch fundierte Therapie oder ein anderes Therapieverfahren wählen – es kommt darauf an, dass Ihnen die Herangehensweise zusagt. Fragen Sie den Therapeuten nach dem von ihm angewendeten Verfahren und danach, wie er Ihr Problem gemeinsam mit Ihnen angehen wird. Scheuen Sie sich auch nicht, eigene Vorschläge zu machen, welche Vorgehensweise Ihrer Meinung nach für Sie passend sein könnte.

Auch wenn die inhaltliche Ausrichtung der Therapie von Ihrer individuellen Problematik, Ihren Bedürfnissen und vom psychotherapeutischen Verfahren abhängt, lassen sich allgemeine Aspekte der Therapie narzisstischer Patienten benennen. So sollten Sie

- Einsicht in Ihre problematische Selbstwertregulation erhalten (z. B.: *»Was versuche ich mit meinen narzisstischen Verhaltensweisen zu erreichen?«* oder *»Wie hän-*

gen mein grandioses und mein vulnerables Selbst zusammen?«),

- Ihre problematischen Verhaltensweisen, gedanklichen Bewertungen und Gefühle verstehen lernen,
- Einsicht in die biografischen Faktoren Ihrer narzisstischen Problematik bekommen (z.B.: »*Welche Menschen haben mich geprägt?*«),
- an Ihrer Empathiefähigkeit arbeiten, sich also in der Technik des Perspektivwechsels üben,
- konkret erarbeiten, wie eine hilfreiche Veränderung Ihrer Denk- und Verhaltensweisen aussehen könnte,
- veränderte Verhaltensweisen im Alltag erproben und deren Ergebnis mit dem Therapeuten zusammen auswerten,
- in der Beziehung zu Ihrem Therapeuten erleben, wie entlastend und hilfreich es sein kann, sich einem anderen Menschen gegenüber auch mit Ihren Problemen und Schwächen zu öffnen.

Nicht selten führt der Weg zu einer positiven Veränderung auch über eine Paartherapie. Dies ist insbesondere dann der richtige Weg, wenn Sie eine eher milde Ausprägung problematischer narzisstischer Eigenschaften und Verhaltensweisen haben, und Ihre Partnerin auch klare Anteile an Ihrer Problematik hat. Der Vorteil einer Paartherapie liegt auf der Hand, denn hier arbeiten Sie unmittelbar an einer positiveren und stabileren Gestaltung Ihrer Paarbeziehung, indem Sie sich als Paar zusammensetzen und mithilfe eines Therapeuten gezielt Ihre Probleme in der Beziehung angehen. Unter therapeutischer Anleitung können Sie dann zum Beispiel gemeinsam herausfinden, was Ihr Verhalten bei Ihrer Partnerin auslöst, womit Sie sie enttäuschen und frustrieren und was genau Sie verändern können. Andererseits sollte natürlich auch beleuchtet werden, welche problematischen Verhaltensweisen auf der Seite Ihrer Partnerin bestehen und inwiefern diese zu den Beziehungsproblemen beitragen.

Schlusswort

Sie haben sich jetzt über 10 Kapitel hinweg mit dem Thema Narzissmus und den Höhen und Tiefen narzisstischer Persönlichkeitseigenschaften auseinandergesetzt. Aber nicht nur das, Sie haben sich gezielt auch mit der Frage nach Ihrem eigenen Narzissmus beschäftigt, was sicherlich keine einfache Aufgabe für Sie gewesen ist (und wahrscheinlich können Sie das Wort Narzissmus inzwischen nicht mehr hören ...). Was immer Sie dabei auch für sich herausgefunden haben, so hoffen wir, dass Sie sich durch die Auseinandersetzung mit diesem Thema eher interessiert und gestärkt fühlen und entschlossen sind, sich auch weiterhin hiermit zu beschäftigen. Sollte das nicht der Fall sein, dann mag das vielleicht am Stil dieses Buches liegen, der Ihnen womöglich nicht zugesagt hat. In diesem Fall bitten wir um Nachsicht, denn ein solches Buch kann nicht für jede Persönlichkeit das richtige sein. Es ist aber auch vorstellbar, dass Sie sich eher auf der Seite des gesunden Selbstbewusstseins sehen und sich gar nicht weiter mit dem Thema Narzissmus beschäftigen wollen. Auch das mag vollkommen berechtigt sein. Wahrscheinlich gibt es viele Menschen, die sich von psychologischen Ratgebern sogar Probleme einreden lassen und vermeintlich problematische Seiten an sich entdecken, denen sie allein mit ihrem gesunden Menschenverstand keine übermäßige Beachtung geschenkt hätten. Aber es kann auch sein, dass Sie auf Aspekte einer problematischen narzisstischen Ausprägung gestoßen sind, in denen Sie sich wiedererkannt haben und die Ihnen vielleicht sogar Angst gemacht haben. Und vielleicht lässt Sie bereits der Gedanke, sich hiermit weiter auseinanderzusetzen, instinktiv zurückscheuen. Dann ist unser Rat an Sie:

Lassen Sie das Thema für einige Monate ruhen und machen Sie sich zu einem späteren Zeitpunkt vielleicht noch einmal an die Lektüre dieses Buches.

Literaturempfehlung

Wenn Sie sich weitergehend zum Thema Narzissmus informieren wollen, dann haben wir Ihnen im Folgenden einige Bücher bzw. Artikel zusammengestellt:

Anders, L. (2018). Ein Narzisst packt aus. Marburg: Tectum.
Behary, W. (2014). Mit Narzissten leben. Paderborn: Junfermann.
Lammers, C.-H. (2014). Psychotherapie narzisstischer Patienten. Stuttgart: Schattauer.
Malkin, C. (2017). Der Narzissten-Test. Köln: DuMont.
Peichl, J. (2017). Warum es auch gut ist, Narzisst zu sein. München: Kösel.

Literaturangaben

Hendin, H. M. & Cheek, J. M. (1997). Assessing Hypersensitive Narcissism: A Reexamination of Murray's Narcism Scale. Journal of Research in Personality 31, 558–599.

Konrath, S., Meier, B. P. & Bushman B. J. (2014). Development and Validation of the Single Item Narcissism Scale (SINS). PLoS ONE 9(8), e103469. https://doi.org/10.1371/journal.pone.0103469

Maes, J., Schmitt, M. & Schmal, A. (1995). Fragebogen für Empathie und Perspektivübernahme. Zu finden bei Schmitt, M. & Altstötter-Gleich, C. (2010). Differentielle Psychologie und Persönlichkeitspsychologie kompakt. Weinheim: Beltz PVU.

Raskin, R. N. & Hall, C. S. (1979). A narcissistic personality inventory. Psychological Reports, 45(2), 590. http://dx.doi.org/10.2466/pr0.1979.45.2.590